Fabio Poretti

IL VIBRATO

COME ABBELLIMENTO, ESPRESSIONE
E SCIENZA, ATTRAVERSO I PIÙ RILEVANTI
TRATTATI EUROPEI DAL 1700 AD OGGI

STORIA ED ESTETICA
Volume I

Illustrazioni e copertina a cura di Emanuela Concella

Il Vibrato

Storia ed estetica

Copyright © 2018

by Fabio PORETTI

www.fabioporetti.it

ISBN: 978-0-244-14127-1

ISBN 978-0-244-14127-1

90000

9 780244 141271

A mio fratello, Roberto

INDICE

Prefazione

Introduzione

PERCORSO STORICO

PERCORSO ESTETICO

Prefazione

di Marco Felicioni

Concertista e docente; ricercatore di strumenti storici ed etnici

La ricerca musicologica si rende sempre più necessaria nell'attuale panorama della didattica musicale. Con essa, il livello esecutivo ed interpretativo dei giovani strumentisti, già innalzatosi negli ultimi decenni, può mirare a risultati ancora più soddisfacenti. La produzione sempre più crescente di testi dedicati ad approfondimenti e alla ricerca stessa non può che incidere positivamente sulla formazione delle nuove generazioni di musicisti.

Questo è il quadro nel quale si colloca e si distingue, per originalità e qualità, il lavoro di Fabio Poretti, eccellente flautista e autore del presente testo, che ho avuto il piacere di seguire in una parte consistente del suo corso di studi. Curare quindi la prefazione del suo libro, mi rende fiero e mi riempie di gioia, soprattutto per la dimostrazione della sua spiccata sensibilità per la sfera musicologica.

La ricerca effettuata dal musicista abruzzese è ricca di contenuti di grande rilievo ed è articolata in un'attenta analisi degli aspetti storici e bibliografici, nella quale affronta anche interessanti confronti e fornisce puntuali considerazioni circa l'utilizzo del vibrato. Sebbene la tematica trattata sia apparentemente limitata, viene seguito invece un ampio percorso proposto dall'autore, che si inerpica, con competenza e chiarezza, sulle svariate argomentazioni, restituendo un quadro di alto profilo, sia dal punto di vista scientifico che didattico, suscitando un costante interesse per il lettore, che viene portato a scoprire le svariate trattazioni e a sperimentare direttamente l'applicazione del vibrato con esercizi innovativi, presenti nella sezione didattica del testo.

Nell'eccellente validità del libro, il vibrato viene dunque e finalmente trattato come elemento determinante per la tecnica espressiva e per il suono stesso, quale mezzo caratterizzante della didattica strumentale, per un corretto approccio stilistico ed interpretativo nella prassi esecutiva.

Marco Felicioni

Introduzione

Il musicista non può essere ignorante.

L'ignoranza è una colpa e, come ogni altro errore, deve essere conosciuta per migliorare sempre più la propria persona. Da quasi vent'anni, questo è il motto che mi guida verso l'infinita ricerca sulla musicalità; ha dato sfogo a studi fruttuosi, variegati, talvolta noiosi ma intelligenti. Esso mi dà l'impulso necessario per approfondire minuziosamente la scienza della musica: l'arte sublime e suprema che accompagna ogni giorno della mia vita, sin da quando avevo cinque anni. Suonare significa assecondare la natura ed i suoi fenomeni in modo tale che i suoni arrivino nelle coscienze degli ascoltatori ad uno stato vergine e puro; l'esecuzione, soltanto così, tramanderà il messaggio originale del compositore. Empiricamente, asserisco che un sano percorso di studi dovrebbe portare allo studio del vibrato se lo strumento, ovviamente, ne permette l'esecuzione. Il libro ne analizzerà gli sviluppi ed è ripartito in tre sezioni: percorso storico, percorso estetico e metodo (di studio e d'insegnamento).

Questa è un'opera storica, scientifica e compilativa[1]; è storica poiché prende in considerazione un trattato, almeno, per ogni macro-periodo storico dal XVII secolo in poi: Barocco, Galante, Classico, Romantico, del Novecento e contemporaneo. Lo scritto è compilativo perché ho analizzato sia le fonti primarie che quelle secondarie che trattano il tema del vibrato in un circoscritto percorso storico e ne ho recensito una sintesi; allo stesso tempo trattasi di una tesi scientifica poiché la problematica dell'elaborato non è mai stata trattata: tracciare una linea di confine che metta in luce la distinzione tra vibrato impiegato come abbellimento, vibrato utilizzato come mezzo espressivo e vibrato inteso come essenza del suono. In altre parole, mi sono chiesto quando e come evolve la sua funzione.

Il processo di scrittura scientifico, verificabile anche attraverso la bibliografia posta nelle pagine finali, mi ha fatto raggiungere due ambiziosi obiettivi: integrare e continuare la compilazione iniziata da Gärtner con trattati contemporanei (vedi cap. 4) e sviluppare un metodo per lo studio del vibrato che ho cercato di rendere il più completo ed esaustivo possibile poiché, a mio avviso, vi era una lacuna sull'argomento nella trattatistica generale. Mi scuso per eventuali errori e guido il lettore attraverso alcuni chiarimenti:

1. non bisogna prendere il trattato come dettame di leggi su come e quando vibrare, bensì come un prontuario che induce alla riflessione sull'utilizzo del vibrato nel contesto storico-compositivo del brano in riferimento;

2. per funzione del vibrato s'intende la ragione d'essere del vibrato nelle sue diverse funzionalità di: ornamento, espressività ed essenza di vita del suono;

3. tutti gli studi proposti sono solo la minima parte tra i tanti possibili; la vostra immaginazione deve fare il resto;

4. le note con la numerazione araba si trovano a piè di pagina e sono strettamente legate al testo; quelle numerate con l'alfabeto invece, sono poste alla fine del libro poiché sono un arricchimento di alcune tematiche non strettamente legate al titolo del libro.

Ringrazio tutti i grandi maestri che hanno contribuito a questa ricerca donandomi dritte essenziali inerenti alcuni aspetti del vibrato tra cui Angelo Persichilli, Patrick Gallois, Michele Marasco, Davide Formisano, Maxence Larrieu, Raffaele Napoli, Roberto Poretti, Giovanni Sabella, Francesca Chiavaroli, Marco Felicioni e Gabriele Di Iorio. Un ringraziamento particolare lo dedico ai Maestri Petrucci e Felicioni ed alla Dottoressa Conicella. Il M° Gian-Luca Petrucci, flautista, docente e scrittore di fama internazionale mi dato importanti consigli e donato il libro *Il vibrato* scritto da Jochen Gärtner. Esso si è rivelato essenziale per il mio operato. Il M° Marco Felicioni, amico ed insegnante mi ha fornito ricchissimi consigli per la stesura, un enorme contributo in fase di revisione della bozza del libro ed ha curato la bellissima prefazione. La Dott.sa Emanuela Conicella, graphic designer, ha curato nei minimi particolari molti dettagli del libro tra cui la copertina e tutte le bellissime, complete ed esaustive illustrazioni. In ultimo, ringrazio Mario e Stefania per il loro supporto economico ed emotivo durante la ricerca.

---

1 ECO Umberto, *Come si fa una tesi di laurea (Le materie umanistiche)*, Bompiani Editore, Milano, 1977-2013.

PERCORSO STORICO

CAPITOLO 1

La finestra che guarda prima del XVIII secolo

Un cammino storico che analizza il vibrato è d'obbligo per determinare cosa effettivamente esso sia e per rilevarne un'eventuale evoluzione, sia estetica che tecnica. Sicuramente è il mezzo espressivo che, al flautista, oboista e ad ogni altro strumentista a fiato o ad arco, permette di marcare le emozioni dettate dalle leggi compositive ma, come illustrato in seguito, non è stata questa la sua funzione fino al periodo classico-romantico.[2]

Come ogni fenomeno fisico essenziale, il vibrato è da sempre nel cosmo: nasce assieme alla voce dell'uomo o addirittura con la natura stessa. Basti pensare che, un terremoto altro non è che una vibrazione della crosta terrestre, che un sasso gettato in un lago produce vibrazioni nell'acqua e che tutto è in continua vibrazione[3]; ragionando, infatti, s'intuisce che anche gli atomi dei corpi solidi lo sono. Tutto è vibrazione. Osservando i comportamenti umani, possiamo rivivere le reazioni successive ad uno spavento, ad un forte stress o ad uno shock generico: la più evidente è quella del tremolìo; non è forse, lo stesso tremore che si scatena nel musicista inesperto e dalla spiccata sensibilità quando si trova dinanzi ad un pubblico? Ebbene si, tale reazione più volte si è manifestata in ogni esecutore: il primo saggio, il primo concerto, un pubblico importante, sono tutte fonti di stress psicologico per l'esecutore. Questo fenomeno naturale dà vita al vibrato: ondulazione del materiale sonoro che diviene esigenza espressiva per i musicisti antichi ogni qualvolta volessero imitare il tremore della voce dei cantanti; in altre parole, era utilizzato quando volevano esprimere l'emozione della paura attraverso il linguaggio musicale. Il vibrato è una ripetuta oscillazione d'intensità e intonazione del suono e, la sua nascita è attribuita all'angoscia, al panico, alla paura: in questi casi, infatti, uno stimolo celebrale mette in funzione la macro e la micro muscolatura interna; visivamente il soggetto in questione vibrerà. Non esistendo fonti a riguardo, poiché, è solo dal Medioevo in poi, che si innalzerà il numero di testimonianze (letterarie ed iconografiche), la "ipotesi della causa-effetto della paura" di Seashore è quella presa in considerazione ed accettata maggiormente dagli storici. Sono state rinvenute fonti scritte nelle quali fioriscono gli *Zierneumen*: notazioni neumatiche indicanti abbellimenti della melodia o del ritmo. Secondo Seashore (1866-1949), psicologo americano, essi sono i primi accenni di vibrato.[4]

É vero che, sino al periodo Barocco, il vibrato era un abbellimento compositivo e non un mezzo espressivo dell'esecutore? Comprendere questa domanda è fondamentale per poter suonare in maniera più filologica. Si arriva ad una risposta solo dopo un'approfondita analisi. A volte, come spiegato in seguito, il vibrato è segnato negli spartiti come abbellimento ma, per il maggior numero di casi, è un'indicazione per allievi che debbono imparare come e quando utilizzarlo.

1.1 - Martinus Agricola

Un trattato che segna la storia della musica è sicuramente quello di Martinus Agricola, teorico e compositore tedesco.

> Per raggiungere un buon livello, devi imparare a fischiare con il soffio tremolante perché esso adorna il canto e il suono dei pifferi[5].

---

2   Vedi prefazione

3   TUIS Riccardo Tristano, *432 Hertz: La rivoluzione musicale – L'Accordatura Aurea per intonare la musica alla biologia*, Nexus edizioni srl, Battaglia Terme, 2010.

4   SEASHORE Carl Emile, *Psycology of the Vibrato in Voice and Instruments*, in University of Iowa Studies, 1936.

É alquanto significante il paragone tra pifferi e canto poiché questa imitazione persiste nei giorni nostri ed è stato motivo di studio nei successivi periodi storici. La comparazione tra queste due fonti sonore non è casuale. Infatti, tra i legni, il flauto è lo strumento che nella sua prassi esecutiva utilizza maggiormente il vibrato come forma espressiva o ornamentale. Con tale affermazione Agricola rende testimonianza dell'esistenza certa del vibrato sin dal XVII secolo. Il soffio tremolante implica una variazione d'intensità sonora e anche d'intonazione, ovvero il vibrato.

1.2 - Michael Praetorius ed il suo dilemma

Distinto musicologo, musicista, organista e compositore tedesco, Praetorius è vissuto nel periodo di transizione dal Rinascimento al Barocco, è una delle figure di maggior spessore musicale del Cinquecento; nato in Turingia nel 1571 e morto nella Bassa Sassonia nel 1621[6], egli dà particolarmente attenzione al tema del vibrato contrariamente ai suoi colleghi del tempo. Con precisione ha in mente la direttiva che permette ai cantanti di essere espressivi; essi devono avere:

> una voce bella e leggermente vibrante; non così come insegnano molte scuole ma al contrario con moderazione.[7]

Quest'assunto evince una problematica che ad oggi risulta alquanto irrisolta e tema di dibattiti tra i critici musicali, insegnanti ed esecutori: l'utilizzo del vibrato. Vibrato o non vibrato? Questo è il mio dilemma. Comprensibilmente ispirata dal dilemma di Shakespeare, non è una domanda dalla risposta semplice, rapida e banale. Di certo, Praetorius è il primo che la pone, in altri termini ma la pone. É proprio scrivendo di utilizzarlo *con moderazione* che ci induce a ragionare, a capire quando utilizzarlo o meno. Con l'asserzione *non così come insegnano molte scuole,* egli ci fa dedurre che non amava la prassi di molti esecutori e che non sempre si debba vibrare. Si evince anche il carattere forte e deciso di Martinus Praetorius che è stato anche un poco malizioso nel lanciare una frecciata a sfavore degli insegnanti inesperti e dal cattivo gusto. Sottolineo, infine, l'aggettivo leggermente. Egli gradisce il canto *leggermente vibrante*; sta a significare che, come appena scritto, il vibrato si deve utilizzare diligentemente, non deve distrarre dalle armoniche, dalle strutture musicali e dai fraseggi e che, al tempo stesso, debba essere poco ampio e non invasivo.

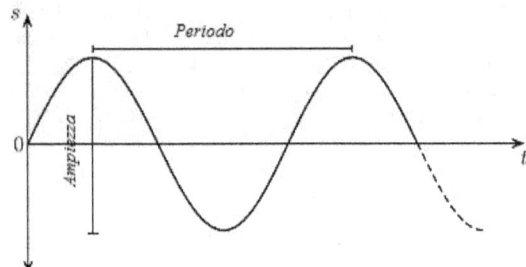

Figura 1: L'onda sinusoidale - dettaglio dell'ampiezza e del periodo

Ci lascia, quindi, anche una indicazione tecnica: il vibrato deve avere l'onda sinusoidale dell'ampiezza piccola, bassa, piuttosto che alta (fig. 1). Questa frase racchiude un mondo di nozioni. Un'onda ampia, infatti, descrive un vibrato intenso e passionale, mentre una bassa può essere anche appena percettibile, un sottofondo del suono lineare e puro. Praetorius non si addentra nei particolari, non descrive quando utilizzarlo o viceversa ma fa molto di più: invita alla riflessione.

5   AGRICOLA Martinus, *Musica Instrumentalis* Deudsch,Rhaw, Wittenberg, Georg Rhau, 1529, Vol. VI.
6   *Le Garzantine, Musica,* a cura di Lanza Andrea, Garzanti editore, 1999, pag. 699
7   PRAETORIUS Michael, *Syntagma Musicum,* Wolfenbüttel, 1619, Vol. 2.

Propone un ragionamento che diventerà motivo di notti insonni per molti esecutori, che diverrà dilemma. Quest'ultimo è un problema che propone due soluzioni, tuttavia esse si rilevano ambedue inaccettabili o paradossalmente e simultaneamente accettabili. Invero, oggi, se in una frase si vibra, si potrà contestare l'esecuzione poco filologica; se non si vibra, si contesterà la mancanza d'espressione. I *Barocchisti*, così come *Il giardino armonico*, sono ensambles di musicisti divenute punto di riferimento per l'esecuzione del repertorio antico su strumenti storici. Tendenzialmente, non vibrano le note più corte di una minima e i più fedeli lo fanno solo con le semibrevi. In contrapposizione a questa tradizione, attraverso lo studio da lui stesso iniziato della fenomenologia della musica[8], Sergiu Celibidache, il più grande direttore d'orchestra del Novecento, afferma che il vibrato è una dimensione dell'espressione. Dev'essere quindi indipendente dai limiti tecnici e necessita di essere in relazione intima con il contenuto musicale; la posizione di Celibidache è certamente al di fuori degli schemi e delle ferree regole dei trattati barocchi, è libera dai preconcetti e funzionale al linguaggio musicale.

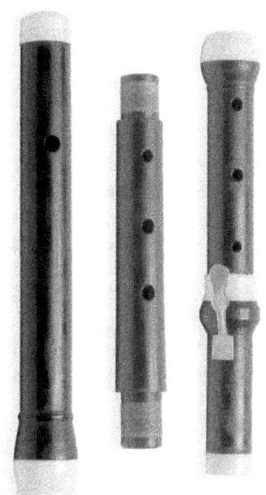

Figura 2: *Il traversiere modello J. Denner Museo Germanico di Norimberga (copia di proprietà di M. Felicioni).*

Immagine estratta da:

FELICIONI Marco, *L'evoluzione del flauto traverso – Dal traversiere allo strumento moderno*, Lulu Press, Inc. Raleigh, NC, 2013

Ad oggi, il dubbio sull'uso del vibrato è tema di forte dibattito. Antecedentemente al periodo barocco, la speculazione sul vibrato non viene molto sviluppata sotto il profilo tecnico (se non in rari trattati di musica generale). Difatti, sino ad allora, non si perseguiva lo studio del virtuosismo strumentale-individuale; i musici ricercavano l'ampia conoscenza della musica. Per ben comprendere il significato di tale ricerca, basta sapere che Johann Joachim Quantz, a soli sedici anni, suonava il violino, la viola, la viola da gamba (odierno violoncello), l'oboe, la tromba, il corno da caccia, il cornetto, il fagotto, il trombone, il flauto dolce, il clavicembalo ed era compositore; solo in seguito diviene virtuoso flautista.[9] E per capire ancora, *Principes de la flûte traversière, ou flûte d'Allemangne, de la flûte à bec ou flûte douce et du hautbois, divisez par traictez* è il titolo dell'opera n. 1 di Hotteterre, la quale custodisce tre trattati di tre strumenti differenti. Ai giorni nostri, una cultura così ampia è praticamente impensabile poiché si va sempre più verso una ricerca settoriale.

Nel periodo barocco, si sviluppano le tecnologie strumentali (fig. 2), nuove armonie vengono utilizzate dai compositori ed il più innovatore certamente è J. S. Bach che, inoltre, unifica le varie tonalità e le differenti intonazioni (la Chorton e la Kammerton) col *Das Wohltemperierte Klavier* (Il clavicembalo ben temperato). Il XVII secolo è caratterizzato da innovazioni di carattere ornamentale. Sorgono a questo punto vari quesiti. Il vibrato è da sempre e dovunque un fischio tremolante? Qual'è la differenza tra flattement, battement, tremblement mineur, chevrotement, tremolo e bebung? Esistono sette tipologie di vibrato? Perché attualmente è utilizzato solo il vibrato di diaframma? L'analisi dei trattati di Hotteterre e di Quantz chiariranno molti dubbi.

---

8   Scienza che cerca di oggettivare il rapporto tra suono e coscienza umana.

9   QUANTZ Johann Joachim, *Versuch einer Anweisung die Flöte traversière zu spielen*, Johann Friedrich Voss, 1752, Berlino; traduzioni italiane: *Saggio di un Metodo per suonare il Flauto Traverso*, a cura di Luca Ripanti, Rugginenti editore, Milano, 1992; *Trattato sul Flauto Traverso*, a cura di Sergio Balestracci, Libreria Musicale Italiana Editrice, Lucca, 1992.

CAPITOLO 2

I trattati del XVIII secolo

Il secolo dell'Illuminismo, della ricerca, della conoscenza, il secolo di Vivaldi, Mozart e di Haydn, il Settecento mette in luce l'Italia e la Francia, nazioni dalle quali tutti gli altri prendono spunto, Germania compresa. Dev'essere questo motivo d'orgoglio per noi italiani d'oggi, che tendiamo sempre a denigrare il nostro prodotto che, in realtà, è unico ed invidiato da tutto il mondo, orientale incluso, senza eccezione alcuna.

2.1 - Il trattato di Hotteterre

Principi di flauto traverso o flauto di Germania, di flauto a becco o flauto dolce, e di oboe, divisi per trattati è la traduzione (dal francese) del titolo di uno dei più importati trattati di Jaques Hotteterre detto *Le Romain*. Ricco di osservazioni intelligenti, utili anche oggi, esaurienti spiegazioni e illustrazioni esemplificative è, per il flautista moderno, una testimonianza della prassi esecutiva del Seicento ed un metodo di studio necessario per il raggiungimento di un livello medio-alto. Il capitolo IX s'intitola *Des Flattements ou Tremblements Mineur, Des Battements*. Il virtuoso musicista e costruttore di strumenti seicentesco analizza, nei primi capitoli, la postura del corpo, approfondendo con minuzia la posizione delle mani e dell'imboccatura; dal capitolo III al VII descrive prima le diteggiature delle scale in diverse tonalità e poi le cadenze naturali; tra quest'ultime troviamo un paragrafo sui trilli:

> agitation de deux sons éloignez d'un Ton ou d'un demi-Ton l'un de l'autre & battus plusiers fois de suite. On la commence par le son superieur, on la finit (la Cadence) par l'inferieur, & on ne luy donne que la premiére articulation: C'est le Doigt qui la continue.

In pratica, la tecnica del vibrato di dita, descritta sia da Hotteterre che da Quantz, consisteva nel trillare con le dita sopra i fori aperti successivi a quelli della nota suonata (vedi cap. 18). Nell'ultima sezione del trattato, Hotteterre riserva un'ampia spiegazione degli usi e delle diteggiature di questi differenti abbellimenti. Come riportato nel testo, *il Flattement, detto anche Tremblement mineur, si esegue pressoché come il Tremblement ordinaire,*[10] ma, a differenza del trillo, si sollevano sempre le dita verso la fine del flauto.[11] Il *re* basso è una nota che fa eccezione poiché si suona chiudendo

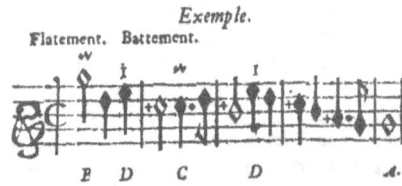

Exemple.

Flatement. Battement.

P   D   C   D   A.

Au reste il seroit difficile d'enseigner à connoître précisement tous les endroits où l'on doit les placer en joüant ; ce que l'on peut dire la dessus en général , c'est que les Flatements se font frequemment sur les Notes Longues : comme sur les

Rondes A , sur les Blanches B , sur les Noires pointées C , &c. Les Battements se font plus ordinairement sur les Notes Breves : comme sur les Noires simples D , dans les mouvements legers ; & sur les Croches , dans les Mesures où elles se passent également. On ne peut guere donner de Regles plus certaines de la distribution de ces agréments, c'est le goût & la pratique , qui peuvent apprendre à s'en servir à propos, plutôt que la Theorie. Ce que je puis conseiller ; c'est de joüer pendant quelque temps sur des Pieces où tous les agréments soient marquez , afin de s'accoûtumer peu à peu à les faire sur les Notes où ils reüssissent le mieux.

Figura 3: L'utilizzo del flattement e del battement, ultimi paragrafi del trattato di Hotteterre

---

10 Il Tremblement ordinaire equivale al trillo.
11 HOTTETERRE Johann, *Principes de la flûte traversière, ou flûte d'Allemangne, de la flûte à bec ou flûte douce et du hautbois, divisez par traictez*, Christophe Ballard, Parigi, 1707.

tutti i fori e quindi si utilizzava un artificio: il flattement era prodotto attraverso l'innalzamento e l'abbassamento del capo oppure, come Hotteterre consigliava, si scuoteva il tubo con l'ausilio della mano destra, ottenendo così, un effetto simile al flattement (per una migliore comprensione vedi il cap.18).

Il Battement si esegue colpendo una o due volte il foro sempre pieno più prossimo possibile al tono che si vuole eseguire; il tutto va fatto il più rapidamente possibile[12].

Seguendo queste regole, si creano oscillazioni d'intonazione facilmente udibili ma di ampiezza notevolmente inferiore a quelle proposte dal vibrato odierno.

2.2 - Il trattato di Quantz

Versuch einer Anweisung die Flöte traversiere zu spielen[13] è il titolo che Johann Joachim Quantz ha scelto per il suo trattato (composto da quasi 400 pagine). Comparando questo tesoro di fonte testuale al prezioso trattato di Hotteterre (circa 60 pagine) si notano molte informazioni in comune; sono tuttavia le discordanze che devono maggiormente attirare l'attenzione degli attenti ricercatori. La differenza di volume dei testi, induce a capire che Quantz scrive molto di più ma la diversità tematica è esponenzialmente di più grande interesse per questo libro; il trattato di Quantz descrive più approfonditamente l'estetica musicale e non si sofferma molto sul vibrato. Nonostante le centinaia di pagine in più, quest'ultima fonte non tratta l'argomento del vibrato in maniera esaustiva ed approfondita, pertanto saranno attinte solo alcune direttive sull'estetica. *Saggio di un metodo per suonare il flauto traverso* è un testo completo ed utile per l'approfondimento dell'estetica musicale sia per il virtuoso che per il dilettante, sia per uno strumentista a fiato che ad arco; si evincono nel trattato nozioni per ben fraseggiare ed è descritta la prassi esecutiva della prima metà del Settecento. É un'opera valida per qualsiasi musicista.

Quantz scalfisce su carta le qualità necessarie per poter intraprendere lo studio della musica, descrivendo la storia del flauto e la sua diteggiatura, si sofferma sull'imboccatura, sullo staccato, sugli abbellimenti ed in particolare sui trilli. Dedica vari capitoli, come già detto, all'estetica ovvero studia ed elenca dove prendere i fiati, analizza la notazione musicale, la buona espressione nel canto e nel suonare, insegna come eseguire l'Allegro, l'Adagio, tratta le cadenze e lo studio giornaliero degli allievi ed infine insegna come comportarsi in pubblico, sia ai flautisti che agli accompagnatori. Prima di descrivere la sua vita, detta le giuste regole per giudicare una composizione ed un buon musicista. In sintesi, direi che c'è tutto, tranne che un approfondimento sul tema del vibrato; non era solito utilizzarlo? I dischi non erano stati ancora inventati ma, dalle fonti scritte, sappiamo che utilizzava la bebung. In realtà, non è vero che Quantz non parla affatto del vibrato, semplicemente, non lo analizza minuziosamente come altri. Egli asserisce:

> attraverso una buona istruzione è possibile imparare ad abbellire l'Adagio secondo il gusto francese, senza aver nozione delle regole dell'armonia, ma un'esecuzione nello stile italiano ne esige assolutamente la conoscenza [...].[11]

Da questa citazione s'intuisce che molto probabilmente il vibrato era utilizzato maggiormente in Francia piuttosto che in Italia dove invece erano più in voga le farciture ed ornamenti legati al contesto armonico; nel decimo paragrafo cita la bebung[14], ossia un tremolo col dito sul foro libero più prossimo[15].

---

12 HOTTETERRE, Ibidem

13 QUANTZ Johann Joachim, *Versuch einer Anweisung die Flöte traversière zu spielen*, Johann Friedrich Voss, 1752, Berlino; traduzioni italiane: *Saggio di un Metodo per suonare il Flauto Traverso*, a cura di Luca Ripanti, Rugginenti editore, Milano, 1992; *Trattato sul Flauto Traverso*, a cura di Sergio Balestracci, Libreria Musicale Italiana Editrice, Lucca, 1992.

14 Tema approfondito nella presente tesi nella parte III: il metodo.

15 QUANTZ, Ibidem

Successivamente, il musicista settecentesco[16] invita a tremolare durante una messa di voce descrivendone i vari processi: articolare dolcemente con l'ausilio della lingua, con grazia esalare il fiato, soffiare piano e fare un crescendo che dura la metà del valore della nota per poter poi decrescere nella parte successiva. Bisogna diventare dei bravi musicisti dunque, per eseguire la messa di voce simultaneamente al tremolo poiché oltre che ad essere agili con le dita, con l'imboccatura e vigili sull'intonazione, si deve essere capaci di incrementare la velocità della bebung in rapporto all'aumentare della sonorità (vedi fig. 10). Questo termine tedesco è tradotto in francese con la parola *battement* ed in italiano con *tremolo*.

Ecco dunque la risposta alla domanda che ha posto il capitolo 1.2: non esistono sette tipologie di vibrato, viene semplicemente tradotto in differenti maniere. Vero è che, come già ampiamente descritto, vi è una sostanziale differenza tra il flattement ed il battement. Si evince con queste pagine che il tremolo, antenato del vibrato, non è ancora un mezzo espressivo ma semplicemente una farcitura del suono, un artificio che modula l'intonazione, un abbellimento da utilizzare in casi circoscritti per aggraziare il suono e per aumentarne l'affetto.

2.3 - Il trattato di Carl Philipp Emanuel Bach

La linea di confine che segna il passaggio tra utilizzo ornamentale ed utilizzo espressivo non è mai stata tracciata. Si analizzeranno per tanto tali aspetti cercando, attraverso i soli trattati, di definirne approssimativamente la sagoma.

É rilevante documentare come, a soltanto un anno di distanza dalla pubblicazione del metodo di Quantz, Carl Philipp Emanuel Bach, il maggior esponente tra i fautori dello *Sturm und Drang*, s'interessi particolarmente ai mezzi espressivi. Il figlio d'arte, infatti, analizza le differenze tra il clavicordo ed il forte-piano asserendo che

> un discreto clavicordo, trascurando il volume di suono meno intenso, ha le medesime bellezze del forte-piano ma col vantaggio del vibrato, che si realizza oscillando il dito appoggiato sul tasto. Una nota lunga ed espressiva sta bene con il vibrato.[17]

Per Bach il clavicordo è migliore del fortepiano. Qui, apro una questione che sicuramente stimolerà per potenziali riflessioni: siamo sicuri che l'evoluzione del pianoforte sia stata guidata nella giusta direzione? In effetti, ad esso manca il controllo della nota tenuta ovvero una volta emesso un suono col pianoforte è impossibile sia vibrare che aumentare la dinamica.

Figura 4: La notazione Bachiana, vedi nota a piè di pagina n. 17

---

16 Quantz (1967, Oberschaeiden – 1773, Postdam)

17 BACH Carl Philipp Emanuel, *Versuch über die wahre Art das Clavier zu spielen*, Berlino, 1753; traduzione in italiano a cura di GENTILI VERONA Gabriella, *Saggio di metodo per la tastiera*, Edizioni Curci, Milano, 2 Voll., 1973-1993.

Oramai, per motivi macroeconomici non ne verrà modificata la meccanica; il business non lo permetterà, ma sarebbe, a mio modesto avviso, interessante una riapertura riflessiva tra i vari costruttori. L'inserimento di un meccanismo che permette al pianista di eseguire il vibrato, donerebbe allo strumento principe degli strumenti, un'importante ed ulteriore componente espressiva; le esecuzioni pianistiche cambierebbero radicalmente ed i compositori avrebbero altro materiale sul quale lavorare.

2.4 - L'Illuminismo porta al bivio: Neoclassicismo e Romanticismo

L'Illuminismo è un periodo storico sviluppatosi nel XVIII secolo, ha portato molte rivoluzioni ed evoluzioni scientifiche. É un'epoca di grandi trasformazioni sociali e culturali, un tempo di conflitti tra l'aristocrazia e la borghesia. La classe ricca basava il proprio potere e il suo benessere sulle classi sociali inferiori e quest'ultime erano costituite in maggioranza dalla borghesia intellettuale, commerciale ed imprenditoriale. Questo lungo processo ha portato a duri conflitti politici e di riflesso, ad un disagio culturale. L'arte è una fonte che testimonia l'asserzione sopra citata.

La musica classica, a differenza di quella romantica e ancor più di quella atonale, è felice. Essa è tonale e dunque le consonanze sono spesso preparate e risolte ma, anche se non lo fossero, comunque non permetterebbero di allontanarsi troppo dal centro tonale come farebbe il neoclassico del Novecento Paul Hindemith. Un ritorno alla tonica, sinonimo di tranquillità, di maternità, di sicurezza c'è sempre, è un po' come il dolce ritorno a casa (*home sweet home*), il dolce ritorno di una lettera o il ritorno di un proprio figlio da scuola. Quindi, più si ci si allontana dal centro tonale, più si riescono a descrivere i drammi; il rifiuto della tonalità è la massima espressione del tetro.

Figura 5: Il giuramento degli Orazi di DAVID Jaques-Louis, opera neoclassica del 1783, tecnica ad olio su tela (330 x 425cm), musèe du Louvre , Parigi

La musica romantica, sicuramente, ha mezzi espressivi più efficienti di quella classica e descrive anche i sentimenti più cupi (la malinconia, la paura, la tristezza, ecc.) oltre che ai più gai (amore passionale, profumi surreali, gioia, ecc.). A mio avviso, durante l'ascolto di una composizione classica è impossibile percepire l'atroce, il disastro o lo sbranamento, l'abuso o la violenza; sono questi temi romantici o novecenteschi. Ci si ferma, nel Settecento, a descrizioni più superficiali e generiche quali la felicità o la tristezza, la bellezza, il maggiore o il minore, le feste, eccetera. Ciò non perché Mozart fosse meno sensibile di Beethoven o perché Quantz lo fosse meno di Mercadante ma, più semplicemente, perché l'arte compositiva settecentesca non era sufficientemente sviluppata per poter descrivere i più dettagliati e minuziosi affetti. Il tutto è riscontrabile anche nella pittura. Come visionabile nelle figure 5 e 6, i temi sono differenti e pure gli stili. Nel quadro neoclassicista vi è la rappresentazione di una scena medievale con il tema solenne e virtuoso del giuramento; il dipinto romantico, viceversa, con quegli occhi dannati del cavallo sulla sinistra (*night-mare*) e quell'incubo sul ventre della donna, rappresenta la negatività radicata negli abissi più bui dell'inconscio. Impulsivamente, verrebbe da dire che sono opere di differenti secoli e culture; non è così. Sono stati dipinti quasi contemporaneamente (hanno appena due anni di differenza) ma fanno parte di due correnti opposte: l'arte neoclassicista si rifà all'antica Grecia, il tema principale è quello del bello; quella romantica fa degli affetti il suo punto cardine e di attrazione. È questa la vera bellezza: l'unificazione dei diversi pensieri artistici.

Figura 6: L'incubo di FÜSSLI Johann Heinrich, opera romantica del 1781, tecnica ad olio su tela (101,6 x 127cm), Institute of Arts, Detroit.

CAPITOLO 3

Il patos e l'evoluzione del XIX secolo

Nell'arte figurativa l'Illuminismo dà vita al Neoclassicismo ed al Romanticismo; sono due correnti con principi totalmente contrastanti che però si sviluppano simultaneamente. In quella musicale, invece, il Neoclassicismo si sviluppa nel perimetro della vita mozartiana e, nei suoi contenuti, si rifiuta di continuare sulla via degli ornamenti barocchi e si rifà al Classicismo greco. Di tutt'altra filosofia è il Romanticismo che prende forma dopo la morte del *bambino prodigio*. Esso esalta i sentimenti, la fantasia, la sensibilità personale e la malinconia, evince il sentimento e rifiuta tutto ciò che si può ricollegare con il razionalismo illuminista. Beethoven, Schubert, Schumann, Brahms e Tchaikovsky sono alcuni tra più grandi compositori del macro-periodo romantico. Caratterizzato da una maggiore espressività e dalla riduzione parsimoniosa dell'utilizzo degli abbellimenti e delle farciture improvvisate dagli esecutori, il Romanticismo s'impregna sempre più del vibrato e l'importanza dell'esecutore aumenta in maniera esponenziale opacando quasi l'immagine del compositore; questo è un processo lento e secolare. L'abbellimento maggiormente utilizzato diviene il vibrato poiché è il più semplice da immettere in un'esecuzione: apparentemente, la sua produzione non richiede nozioni di armonia o particolari doti tecniche. Si può affermare che fino al periodo pre-romantico, la musica colta ingloba anche i virtuosismi improvvisativi estemporanei e che, con l'avvento del *patos* romantico, questa prassi svanisce. In sintesi, ogni qualvolta che si esegue un brano barocco, classico o antecedente a queste correnti si deve ornamentare; nelle esecuzioni romantiche non va fatto e vi è la tendenza di vibrare maggiormente per esplicitare gli affetti.

3.1 - L'evoluzione compositiva romantica tra Beethoven e Schumann

Capolavoro compositivo, etico e patrimonio universale dell'umanità, la *Corale di Beethoven*, è tra le sinfonie di maggior impatto sulle coscienze umane. É una composizione che il musicista tedesco costruisce durante tutta la sua vita e che diverrà un capolavoro eterno; è il frutto della sintesi di esperienze, passioni e atti quotidiani. Nessuna sinfonia sarà più completa dell'*opera 125 in re maggiore* dell'ultimo rappresentante di rilievo del Classicismo viennese poiché essa è al di fuori di ogni schieramento politico, artistico o temporaneo. La "nona" verrà definita del periodo romantico giusto per collocarla nel 1800 ed il termine *romantico* non è inteso come aggettivo personale bensì, come collocamento storico poiché il capolavoro beethoveniano va al di là di tali schemi. Le morali della rivoluzione francese di uguaglianza e fratellanza sono fulcro dei principi del compositore; egli ha voluto poi custodirli all'interno di temi e sviluppi intelligibili dalle nostre coscienze. L'inserimento del coro a quattro voci e quel testo di Schiller faranno la differenza che porterà l'opera di Beethoven a divenire la musica tra le musiche: un inno dell'amore, un inno alla gioia, un inno scelto per rappresentare l'Europa. Il messaggio che vuole tramandare nei secoli, attraverso il linguaggio musicale, è quello di una gioia profonda, affatto fisica. Una Gioia intellettivo-spirituale che esiste solo senza guerre, senza cattiveria, senza crudeltà. Questa pace dei sensi è situa nella *Nona sinfonia*; non la gioia per una caramella o una vittoria di un "Gratta e Vinci", ma la gioia di amare l'essere umano.

Una lunga introduzione mette in luce, subito, le differenze tra il barocco ed il romantico. Nel XIX secolo si cerca di intrappolare gli affetti nelle partiture. I sentimenti come odio, amore, passione, malinconia, noia sono intrinsechi nella musica romantica. Le composizioni danno sempre meno spazio all'arbitrio dell'esecutore perché la scrittura diviene più fitta. Le dinamiche sono più precise, talvolta esasperate e le cosiddette note lunghe sono sempre più rare poiché lasciano spazio all'inventiva virtuosistica dei compositori. Le armonie s'allontanano dal centro tonale attraverso percorsi tortuosi. Le composizioni si distanziano dalla forma del concerto per dar luogo alle sinfonie che divengono virtuosismi compositivi oltre che opere dalla rara bellezza.

Un altro aspetto formale importante del linguaggio ottocentesco è costituito dalla sua capacità di integrare, all'interno delle proprie strutture, procedimenti costruttivi nuovi per l'epoca, ma desunti dal ripristino di forme del passato in sintonia con quella seduzione esercitata dal passato sulla coscienza dei romantici. Vogliamo alludere non solo al graduale recupero concertistico dei repertori del passato, ma anche alla progressiva e sempre più evidente integrazione di stilemi del passato nel contesto delle invenzioni musicali del presente. Così moduli armonici o contrappuntistici di tradizione barocca acquistano, in talune composizioni di Schumann o Brahms, quasi il valore di simboli di nobiltà antica o si nostalgia per una ricchezza ideale ormai non più raggiungibile. Allo stesso modo, aspetti del medioevo gregoriano o della polifonia rinascimentale arricchiscono di allusioni quasi mitiche molte pagine sinfoniche corali e pianistiche di Listz.[18]

Quindi, la musica c'insegna che il passato non va mai rinnegato ma sempre preso d'esempio. I compositori ottocenteschi, nonostante siano in balia di uno sviluppo dei colori e degli affetti musicali e nonostante ricerchino in questo periodo nuovi mezzi espressivo-compositivi, non rifiutano il passato artistico bensì lo inglobano nella loro arte compositiva. Essi sono un esempio che molti giovani dei giorni d'oggi dovrebbero seguire. Vi è la tendenza di fare di tutto solo per essere notati (tatuaggi, orecchini, pettinature, moda, ecc.) ma, forse, non ci si accorge che usando l'intelletto ci si può distinguere in eterno. Ovviamente, come ogni generalizzazione, vi sono sempre le dovute eccezioni.

Domandarsi se il Romanticismo, stile per eccellenza dell'espressione artistica, modifica la funzione estetica del vibrato, finora sotto-categoria locata tra gli abbellimenti al pari di un mordente o di un'acciaccatura, è di rilevante importanza anche ai fini esecutivi.[19] Senza una ricerca accurata ed un minuzioso percorso storico non si può dar risposta alla domanda in questione e per questo motivo la prima parte del libro viene dedicata alla Storia. Quest'ultima permette di capire chi siamo e da dove veniamo. Lo dico soprattutto a coloro che si domandano perché bisogna studiare questa vecchia materia che, in realtà, è la più attuale tra tutte essendo in continua evoluzione dato che ognuno di noi ne è il frutto. Studiare la Storia significa anche analizzare le proprie origini ovvero il proprio passato; essa ci fa comprendere e ragionare sulle evoluzioni scientifiche, sui processi di crisi e di boom economici, sugli errori catastrofici commessi dai nazisti, comunisti, fascisti, eserciti medievali e chi più ne ha più ne metta. Quanto bene si vuole alla propria nonna? Altrettanto andrebbe devoluto alla propria storia che, unita con quella delle altre persone, forma la bellissima materia che si studia nelle scuole. Dopo aver acquisito queste nozioni non si deve metterle in un cassetto e lasciarle lì a marcire ma bisogna integrarle col ragionamento.

In musica, quando si rispettano la storia, le necessità legate all'acustica e quando la tensione viene esplicitata attraverso l'intensità, si dirà che l'esecuzione è filologica. In quest'ultimo ambito il vibrato è fonte di grandi discussioni e di opinioni differenti, esso nasce e rimarrà sempre un abbellimento esecutivo estemporaneo.[20] La figura 7, sintesi approssimativa di un concetto troppo astratto ed inquantificabile con percentuali, vuole portare il lettore su una domanda: quando il vibrato si sposterà dall'insieme degli abbellimenti non scritti a quello dell'espressività? Forse nel periodo romantico, nel Novecento oppure a cavallo tra il XVIII ed il XIX secolo?

3.2 - Le critiche di Schumann

Contrario al commercialismo editoriale, ai critici non veritieri e a coloro che senza onore paragonavano le arti tra loro, accusando i compositori dell'Ottocento di scrivere note in eccedenza solo per inibire il pubblico, Robert Schumann scrive:

---

18 AAVV, *Storia della musica,* di Mario Baroni, Enrico Fubini, Paolo Petazzi, Piero Santi, Gianfranco Vinay, Giulio Einaudi editore, Torino, 1988.

19 Per sintetizzare il concetto espresso, è stata inserita la figura 7.

20 Alcune composizioni contemporanee indicano chiaramente l'utilizzo del vibrato e/o la tipologia da utilizzare; rimangono tuttavia tra le eccezioni.

La folla è sommersa di note, si confonde, scambia una cosa per l'altra; si ruba così del tempo [...] all'esecutore ed all'ascoltatore. Ma l'arte dev'essere qualcosa di più di un gioco o di un passatempo.[21]

Schumann, compositore sassone amico di Schubert, Mendelsshon-Bartholdy e Chopin (con i quali interagiva e discuteva su questioni musicali), è in totale disaccordo con un tipo di prassi esecutiva e compositiva: le farciture barocche non devono essere utilizzate nelle composizioni romantiche, è questa una prassi superata, soprattutto quelle farciture che rubano del tempo. Si ruba tempo al silenzio, letto della musica, che servirebbe per ben comprendere il fraseggio e l'armonia. L'unico abbellimento che non toglie spazio alla comprensione della struttura musicale è il vibrato; è per questa ragione che, addirittura, alcuni esecutori abuseranno di questo abbellimento. Schumann ritiene che non si possano scrivere sinfonie migliori delle nove beethoveniane; nei suoi scritti non tratta assolutamente il tema del vibrato. Evidentemente non è un argomento che a compositori del suo calibro interessa. Con invidia ed ammirazione rifletto su cosa poteva accadere quando i su citati compositori si riunivano per parlare di musica e per duettare. Ma è immaginabile pensare a come potevano suonare in duo Schubert e Schumann? Spesso suonavano insieme, Robert al violino, Franz al pianoforte e si proiettavano in ere medievali con la fantasia. Chissà quali pensieri e discorsi hanno dolcemente udito le mura tedesche.

COMPOSITORI		STRUMENTISTI	
ABBELLIMENTI SCRITTI		**ABBELLIMENTI NON SCRITTI**	
Trilli		Vibrato	Trilli
Acciaccature		Tierce Coulée	Mordenti doppi
Mordenti		Fioriture	Appoggiature
Ritardi armonici		Accenti	Tipologie di staccato
Flatté		Ritardi	Battement
ESPRESSIVITÀ		**ESPRESSIVITÀ**	
Disperato	Agitato	Agogica	
Piano	Dolce	Dinamica	
Con affetto	Con brio	Fraseggio	

Figura 7: Il vibrato come abbellimento. Rispetto agli esecutori seguenti, gli strumentisti barocchi e del Settecento davano molto peso all'invenzione estemporanea piuttosto che al fraseggio espressivo della musica già scritta.

3.3 - Il vibrato del violino di Spohr

Agli abbellimenti appartiene anche la vibrazione ed il movimento delle dita su una singola nota. Quando un cantante canta con passione o aumenta la sua voce fino al massimo, allora si avverte una vibrazione della voce che assomiglia a quella di una campana suonata con forza. [...] Nelle antiche composizioni si trova spesso la "bebung" notata con una serie di punti oppure con il termine tremolo o ancora con un'ondina scritta sopra la nota [fig. 8 e 9]. Nelle composizioni nuove il suo utilizzo è completamente lasciato all'arbitrio dell'interprete[22].

---

21 SCHUMANN Robert, *La musica romantica*, traduzione a cura di Luigi Ronga, Einaudi editore, Milano, 2013.

Figura 8: Notazione del vibrato di Louis Spohr

Attenzione a non fraintendere il messaggio del violinista. Egli infatti non afferma che si vibra sempre o che il vibrato evince dei sentimenti bensì parla dell'utilizzo di questo abbellimento durante un crescendo estremo. In quest'epoca il vibrato sicuramente è più utilizzato, però alcune esecuzioni di oggi non rispettano assolutamente il gusto dell'Ottocento. Invero, nel XXI secolo si ascoltano riproduzioni di musiche del periodo romantico nelle quali viene vibrata ogni nota; osservando la figura 8 e rispettando le volontà esecutive di Spohr, si può dedurre non tanto se è giusta o sbagliata la prassi odierna ma se è correttamente filologica o se, viceversa, non lo è. La terza misura, oggi, si potrebbe eseguire vibrando le crome; Spohr non lo farebbe. Ciò è verificabile visionando il *Violinschule;* vi sono, oltre al trattato del violinista, molti altri maestri del passato che hanno tramandato il buon gusto sul vibrato.

Il tremolo tvi è segnato così 〰〰〰

Figura 9: La notazione del vibrato di L. di Spohr

Quest'ultimo resta nel grande insieme degli abbellimenti non scritti (fig. 7); non è notato su partiture, sinfonie, sonate o opere bensì su studi e brani didattici. Tale notazione ha, dunque, funzione di insegnamento, non ha valore compositivo e mai l'avrà. Nella scrittura seicentesca, i compositori disegnavano onde più o meno larghe per indicare l'aumento o la diminuzione della frequenza del vibrato. É inserita la figura 10 per una migliore comprensione dell'assunto; nel punto 1, le creste sono larghe e non mutano la distanza tra loro, quindi, il vibrato dev'essere delicato, largo ed appena pronunciato; vale il contrario per il punto 2 che prevede un vibrato intenso e vigoroso. Nel punto 3, si parte con una frequenza bassa, con un vibrato lento che pian piano, parallelamente all'aumento della dinamica, diviene sempre più imponente. La notazione del punto 4 si oppone a quella del punto 3. Nella famosa messa di voce (crescendo e poi diminuendo) è previsto dapprima un aumentare della frequenza e della profondità del vibrato (punto 5) e poi un calare, un tornare alla quiete. In questa nota usanza dinamica, il vibrato deve arrivare al massimo della sua esposizione assieme all'attimo con maggiore intensità sonora ed essere appena percepibile nella tavolozza dinamica del piano. Completo le nozioni necessarie ad ogni violinista per avere una postura corretta, di consigli pregiati sull'esecuzione e sulla tecnica dello strumento ad arco che ha reso Stradivari una leggenda, nel *Violinschule*, Spohr scrive:

22 SPOHR Louis, *Violinschule*, Haslinger, Vienna, 1832.

al violino s'appartiene il primo rango fra tutti gli strumenti musicali finora inventati ed esso incontrastabilmente lo merita, per la nitidezza ed eguaglianza dei suoni, per l'infinita graduazione di cui è suscettibile nel Forte e nel dolce, per la purezza dell'intonazione, che da uno strumento a fiato così perfetta non si ottiene.

Il trattato del compositore, violinista e direttore d'orchestra è ricco d'immagini illuminanti e molto utile per descrivere l'evoluzione storica del vibrato. Al di là dell'introduzione simpaticamente opinabile, che, ahimè, mette in luce soffusa gli strumenti diversi dal violino, Spohr non lascia nulla al caso: documenta l'uso e la funzione della pece, spiega come tenere lo strumento in maniera giusta e rilassata analizzando il movimento del braccio destro e della mano sinistra.[23]

Il vibrato è prodotto attraverso un movimento oscillante della mano sopra un determinato tono, si genera in tal maniera uno scambievole crescere e calare dell'intonazione della nota su cui si vibra. Bisogna rendere il tutto il meno sensibile che si può all'orecchio di chi ascolta.[24]

Dall'esame di questo estratto, si evince che la preoccupazione del virtuoso violinista tedesco è di non infastidire l'ascoltatore; gli esecutori a lui contemporanei tremolavano troppo e questo modo di suonare dava noia al trattatista. Egli pone sull'attenti i suoi allievi invitandoli ad utilizzare la bebung con cura, parsimonia e nei punti giusti. Ciò è molto rilevante per tutte le esecuzioni che vogliono essere filologiche. Si dovrebbe, a questo punto, rilevare che Spohr non si riferisce affatto all'*intensity vibrato* (che agisce sulla dinamica) bensì al *pitch vibrato*, la cui caratteristica principale è quella d'alterare la frequenza sonora ovvero l'altezza di un suono determinato (vedi p. 66). Grazie agli studi di Seashore si dimostra che il valore medio dell'oscillazione d'intonazione del vibrato si aggira intorno al quarto di tono (0,25).[25] Infatti, il famoso violinista Kreisler aveva come valore minimo 0,10 e come valore massimo 0,35 (l'unità rappresenta il tono; tono = 1) e nel flauto il valore medio è fissato a 0,2;[26] la voce ha il valore più ampio: si aggira intorno al semitono (0,5).

Figura 10: La notazione del vibrato seicentesca

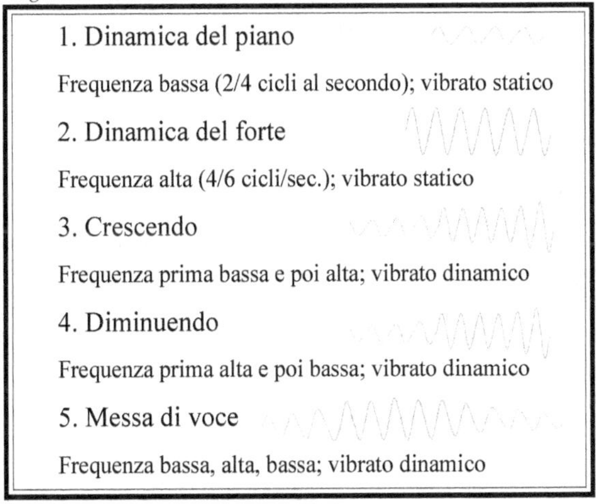

1. Dinamica del piano

Frequenza bassa (2/4 cicli al secondo); vibrato statico

2. Dinamica del forte

Frequenza alta (4/6 cicli/sec.); vibrato statico

3. Crescendo

Frequenza prima bassa e poi alta; vibrato dinamico

4. Diminuendo

Frequenza prima alta e poi bassa; vibrato dinamico

5. Messa di voce

Frequenza bassa, alta, bassa; vibrato dinamico

---

23 SPOHR, Louis, *Violinschule*, Haslinger, Vienna, 1832.

24 SPOHR, *Ibidem*.

25 SEASHORE Carl Emile, *Psycology of the Vibrato in Voice and Instruments*, in University of Iowa Studies, 1936.

26 Da rilevare che alcuni esecutori come J. Galway, A. Oliva o D. Formisano utilizzano attualmente un vibrato più ampio dei su scritti valori, stimolati forse da metodi di studio più efficaci rispetto a quelli esistenti nella prima metà del Novecento.

L'ultima parte del trattato si focalizza sull'estetica portando il lettore a riflettere su come eseguire un brano, che sia esso orchestrale, un concerto o d'altra forma. Spohr dona ai musicisti un libro ricco di consigli rari e spiegazioni esaurienti.

3.4 - Il vibrato del flauto di Fürstenau

Di chiara fama tra i flautisti odierni per aver scritto studi ed esercizi didattici per flauto, Anton Bernard Fürstenau non è così noto per un'opera sicuramente importante: *Die Kunst des Flötenspiels*. Come leggiamo nella seguente citazione, il flautista dall'intelletto romantico vibrava con lo scopo di enfatizzare i punti culminanti di un brano musicale e quindi utilizzava il vibrato semplicemente come un'arma in più e non come un sottofondo sonoro sempre presente.

> Per far raggiungere a questo effetto il suo scopo, bisogna coinvolgere un sentimento sincero, intimo e profondo e non deve essere una mera imitazione perché altrimenti risulterebbe ridicolo dato che il fascino proprio della voce umana può essere raggiunto da uno strumento sempre e solo approssimativamente.

Effetto è il termine con il quale Fürstenau meglio descrive il vibrato, un artificio, un'imitazione espressiva; non è come un trillo e né come un mordente. La bebung è ancora facente parte della categoria degli abbellimenti ma il Romanticismo ne cambia la funzione: non è più l'abbellimento di una semplice nota lunga bensì il mezzo per arrivare al fine; il vibrato deve quindi contenere *patos* per avere un successo artistico. Rileggendo attentamente l'assunto del flautista possiamo affermare che questa citazione è fondamentale per una classificazione estetica del vibrato: egli asserisce che il compito di quest'abbellimento è quello di evidenziare gli affetti, di far emergere il sentimento e non di mera imitazione. Compositore e arrangiatore, estimatore di Carl Maria von Weber[27], Fürstenau dopo aver sottolineato come la bebung sia molto funzionale durante un *crescendo* o uno *sforzando*, raccomanda di utilizzarla con parsimonia e di applicarla specialmente nei suoni lunghi, preferibilmente dell'ottava superiore. Consiglia di non vibrare ogni frase drammatica, soprattutto se il brano ne ha molte; un altro indizio essenziale è quello relativo alle frasi ripetute. In queste, si deve vibrare solo la prima o la seconda volta ma la scelta non è casuale, si deve studiare il brano musicale nella sua interezza e capire, tra le ripetizioni prese in analisi, quale contiene il climax (il punto con maggiore tensione armonica ossia il culmine del sentimento passionale). Il flautista tedesco non ha un approccio con la musica distaccato ed analizzante solo la matematica insita in quest'arte bensì vuole riuscire anche ad esplicitare gli affetti attraverso il linguaggio dei suoni; tra il XVIII ed il XIX secolo quindi, vi è un cambio radicale di mentalità.

> Questo effetto va usato con parsimonia poiché il suo abuso da l'impressione di un sentimentalismo ossessivo e, perseverando con il suo utilizzo, diviene un ululare davvero sgradevole anche in un brano con molti passi espressivi e drammatici. Va inserito solo laddove quest'ultimi siano più pronunciati; quando ci si trova davanti a fraseggi uguali ripetuti, si usa la prima volta o la seconda ovvero quando la frase contiene il culmine del sentimento passionale, con soltanto 3 o 4 battiti di vibrazione. L'effetto del tremolo è potenziato esponenzialmente se è associato ad un *crescendo* oppure ad uno *sf*.[28]

La scrittura del vibrato utilizzata da Fürstenau è quella di una linea ondulata ed è la stessa che utilizzavano Mozart, Tartini e Spohr; invece, dalla figura 11 è visionabile la notazione del battement. Nell'Ottocento l'attenzione si sposta dal piccolo al grande, dall'abbellimento della nota all'affermazione del periodo musicale, dallo schema d'ordine[a] allo schema di relazione d'ordine.[29]

---

27 La musica di Fürstenau, a parer dei musicologi, è influenzata da quella di C. M. von Weber

28 FÜRSTENAU Anton Bernhard , *Die Kunst des Flötenspiele*, Opus 138, Vol. I, Breitkopf & Härtel, 1844, Leipzig.

29 AAVV, *Capire la Forma idee per una didattica del discorso musicale,* a cura di Rosalba Deriu, EDT, 2004, cap. III; vedi nota di chiusura a.

Figura 11: La notazione del battement di Fürstenau (segno di punto ripetuto), simile a quella di C. Ph. E. Bach. Sono state inserite alcune frecce nella parte iniziale per permettere un rapido riconoscimento della notazione.

CAPITOLO 4

La ricerca scientifica del secolo XX

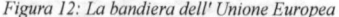

Figura 12: La bandiera dell' Unione Europea

Il Novecento, definito dal britannico Eric Hobsbawm come il "secolo breve" è il più lungo tra i precedenti. Permettetemi l'assunto per far notare che le fonti sono più numerose, dettagliate e minuziose. É questo un periodo problematico e spaccato a metà, un tempo che ha dato luce alle tetre guerre mondiali, a genocidi, alla guerra in Vietnam; ma è anche il secolo della donna e della libertà femminile, dell'unione europea, dell'alfabetizzazione, dell'urbanizzazione, della ricerca scientifica e dei premi Nobel. La fine del XIX secolo è pregna di correnti artistiche di rifiuto e diminuzione come il Decadentismo, l'arte povera di Satie ed il Simbolismo. Compositori come Hindemith, Poulenc, Debussy, Prokofiev, Strauss, Stravinskij, Rota e Sciarrino costituiscono lo scheletro di un secolo, il ventesimo, ricco di diversità culturali, dalla comunicazione sempre più rapida ed efficiente e caratterizzato da una profonda crisi artistico-letteraria che mette in luce i famosi *mass media*. Fortunatamente, la storia ci lascia ben sperare poiché in seguito ai periodi cechi ed aridi ne sono sorti sempre altri pieni di benessere e di crescita.

Infatti, il Novecento è comunque il secolo dei nuovi linguaggi musicali, il secolo di Schönberg, della musica seriale, della banda, di Vessella, della musica atonale di Berio e della musica da film di Morricone. Non solo, è giusto citare anche quei generi come il jazz, il funcky, il blues e il rock che danno sfogo alle problematiche popolari. Per quanto riguarda l'estetica musicale, aumenta sempre più il virtuosismo compositivo-strumentale che verrà esasperato e le esecuzioni sono fedelissime alla notazione scritta novecentesca poiché in talune non si può assolutamente mettere ne nota in più ne in meno (nella serie dodecafonica ad esempio). Si suona solo ciò che è scritto, non si prende un respiro in più, non si fiorisce la melodia; la notazione è analizzata scientificamente e talvolta le esecuzioni ne risentono, soprattutto quelle di tradizione barocca e classica: se questo desiderio di fedeltà alla partitura viene inserito nella musica seicentesca dove fioriture, diminuzioni, aumentazioni sono d'obbligo, si commette un gravissimo errore; mai dimenticarsi del passato!

4.1 - Il vibrato e Jochen Gärtner

Segue ora l'analisi del testo che ha dato spunto e dritte essenziali alla presente tesi: *Il vibrato - con particolari considerazioni per i flautisti* scritto da Jochen Gärtner.[30] Gärtner, medico, ricercatore e flautista anglosassone edita un lavoro encomiabile; infatti, critiche positive di Nikolaus Delius invitano a riflettere su quanto specifica sia la sua ricerca. Il vibrato, ora, è considerato sotto un altro aspetto: vengono fatti esperimenti su dei musicisti con attrezzature elettroniche, sonde, elettrodi, è analizzato scientificamente. Se il vibrato nel XVII secolo era un abbellimento e se nel XVIII diventa un mezzo espressivo, come continuerà la sua evoluzione nel Novecento? Non è detto

---

30 GÄRTNER Jochen, *Das Vibrato*, edited by Gustave-Bosse, Verlag, 1973; GÄRTNER Jochen, *Il vibrato*, traduzione in italiano a cura di Gian-Luca Petrucci e Ginevra Petrucci, Vigormusic edizioni musicali, 2012

che vi sia metamorfosi, ma credo proprio che un cambiamento avvenga sia nella prassi, che nel metodo. Il trattato del medico anglosassone è suddiviso in tre macro-sezioni: breve parte storica, osservazioni anatomiche e risultati della ricerca, metodo didattico.

4.1.1 - La definizione scientifica

Il vibrato è un abbellimento caratterizzato da oscillazioni periodiche di una o più qualità del suono ovvero intensità, altezza e/o timbro. Per quanto concerne il vibrato laringeo, Gärtner afferma che tali oscillazioni hanno luogo grazie a variazioni della pressione dell'aria ed entrambe, per ovvi motivi, sono sincrone tra loro.

Tale influsso sulla colonna d'aria può avere luogo solo quando i vari gruppi muscolari svolgono in ritmo con il vibrato le seguenti funzioni:
A) compressione ed espansione alternata della cavità sotto la glottide, che produce alternatamente movimenti di aumento e diminuzione della pressione;
B) dilatazione e restringimento periodico della glottide (apertura e chiusura delle corde vocali) in considerazione di pressione costante entro la cavità toracica, che influenza così in modo periodico il flusso dell'aria attraverso la glottide;
C) combinazione di entrambi i meccanismi.[31]

Sono tre le azioni da compiere per vibrare con gli strumenti a fiato (vedi fig. 13): si possono utilizzare i muscoli toraco-addominali, i muscoli situati all'interno della laringe (che agiscono sulle corde vocali) o entrambi gli organi simultaneamente. All'interno della laringe troviamo i muscoli laterali crico-aritenoidei, il muscolo traverso aritenoideo (hanno la funzione di restringere la glottide) ed il muscolo crico-aritenoideo posteriore (ha la funzione di dilatazione della stessa).

LARINGE CHIUSA   LARINGE APERTA

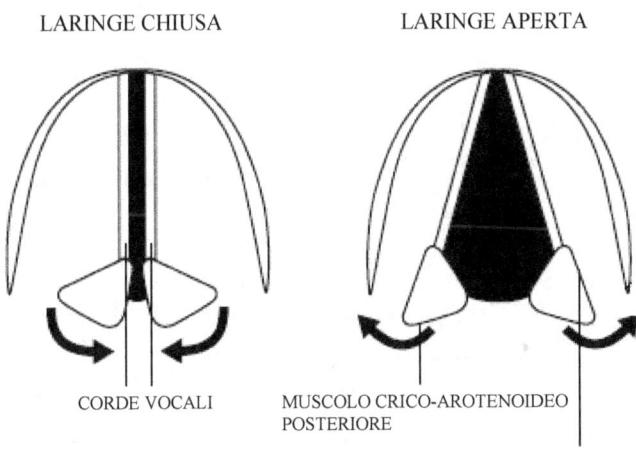

CORDE VOCALI   MUSCOLO CRICO-AROTENOIDEO
POSTERIORE

MUSCOLO CRICO-ARITENOIDEO
LATERALE

Figura 13: La laringe (visione dall'alto). La frequenza che intercorre tra l'apertura e la chiusura della cavità laringea è la medesima che sussiste tra l'innalzamento e l'abbassamento d'intonazione di un suono vibrato.

---

31 GÄRTNER, Ibidem.

4.1.2 - La respirazione come ABC

Gärtner dà importanza alla respirazione e la tratta in maniera minuziosa specificando che i muscoli attivi nella fase d'inspirazione sono tutti nel torace: intercostali esterni, dentato posteriore superiore e diaframma. Durante l'altra fase, quella dell'espirazione, sono attivi i muscoli nella zona sia toracica che addominale. Nel torace, si contraggono gli intercostali interni ed il dentato posteriore superiore (durante l'inspirazione, invece, il diaframma non si contrae, è rilassato). Nell'addome si attivano il muscolo addominale retto, il muscolo addominale obliquo esterno, il muscolo addominale interno ed il muscolo addominale trasversale. Dalla figura 14, si evince chiaramente la posizione e la funzione del diaframma. Esso è un muscolo semi-volontario posto al di sotto dei polmoni controllabile grazie alla tensione ed al rilassamento dei muscoli addominali ed in più piccola parte da quelli toracici. Distendendo quest'ultimi (gonfiamento dell'addome), il diaframma si abbasserà permettendo ai polmoni di occupare maggiore spazio; viceversa, contraendoli (sgonfiamento dell'addome), faranno innalzare il muscolo permettendo alla sacca polmonare di espellere l'aria.

La contrazione ed il rilassamento dei muscoli addominali determinano le due fasi contrarie della respirazione. Nella fase inspiratoria i muscoli addominali si rilassano e quelli del diaframma si contraggono; al contrario, nella fase espiratoria i muscoli addominali si contraggono mentre quelli del diaframma si rilassano. Una corretta respirazione prevede che, in fase inspiratoria, l'esecutore aumenti di volume la pancia ausiliandosi con i muscoli toraco-addominali; la fase espiratoria dev'essere rilassata: egli non deve volontariamente azionare muscoli, solo per motivi espressivi può farlo (ad esempio per accentare una nota o fare uno sforzando). Visivamente bisogna cercare di dare all'addome la forma di un palloncino. Si inspira gonfiando la pancia e poi si espelle l'aria in maniera naturale e rilassata. In seguito, l'argomento verrà ripreso e trattato ampiamente (vedi cap. 14).

4.1.3 - L'appoggio come fondamenta per il bel suono

Come scritto in precedenza, bisogna inspirare e soffiare nello strumento cercando di dare al ventre la forma di un palloncino. La risultante di tale giusto processo è nominata, in gergo tecnico, *appoggio*, senza il quale ogni ricerca sul bel suono può essere definita vana (vedi fig. 25 a p. 52). Descritto in questi termini, il tutto può sembrare un insieme di nozioni scientifiche che non ha nulla di attinente con l'insieme della vita reale ma non è così. In effetti, tutti gli esseri viventi respirano, lo fanno gli uomini, gli animali e, seppur diversamente, anche le piante; purtroppo però, la maggior parte delle persone non riflette sulla respirazione e non la studia a dovere. Talvolta non si osservano nemmeno i linguaggi del corpo che vengono trasmessi in situazioni di ansia, di paura, di pericolo o di allegria e amore.

É interessantissimo lo studio di Frederick Matthias Alexander, inventore della famosissima tecnica omonima che è utilizzata dalla maggior parte dei musicisti odierni per rilassarsi. Altra maniera per aumentare la consapevolezza della mobilità corporea è quella del metodo *Feldenkreis*[b]. Esso induce ad un rilassamento totale, soprattutto esterno alle esibizioni; aiuta ad alzarsi dal letto rilassati ad esempio, oppure a prendere un oggetto guardandolo da un altro punto di vista ma principalmente, aiuta ad aumentare la percezione del proprio corpo grazie a movimenti alternativi a quelli abituali. Attraverso lo studio dell'apprendimento dei bambini, Feldenkreis ha inventato un metodo che aiuta a vivere meglio e che porta alla riscoperta di se stessi. La tecnica *Alexander*, invece, è forse da intendersi più come una medicina preventiva da utilizzare durante le esibizioni; è stata inventata da un medico, cantate e appassionato d'arte e di scienza, vissuto a cavallo tra il XVIII ed il XIX secolo. Australiano d'origine, ha viaggiato in Europa ed America e, studioso metodico della musica, soffriva di una reazione fuori dal normale ed incredibilmente strana: nonostante gli studi assidui di un pezzo musicale, appena egli metteva piede sul palco veniva pervaso da un irrigidimento muscolare fortissimo. Era talmente esagerata questa emozione che gli toglieva la voce; ovviamente, per un cantante questo è un dramma. Il tutto era generato dalla cattiva respirazione che scatenava un *domino* di reazioni nervose che lo bloccavano letteralmente.

FASI DELLA RESPIRAZIONE

INSPIRAZIONE

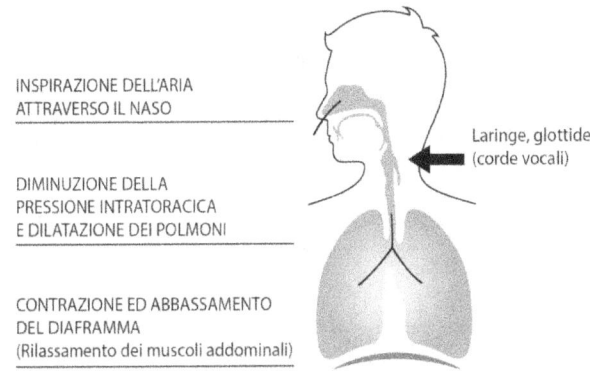

INSPIRAZIONE DELL'ARIA
ATTRAVERSO IL NASO

Laringe, glottide
(corde vocali)

DIMINUZIONE DELLA
PRESSIONE INTRATORACICA
E DILATAZIONE DEI POLMONI

CONTRAZIONE ED ABBASSAMENTO
DEL DIAFRAMMA
(Rilassamento dei muscoli addominali)

ESPIRAZIONE

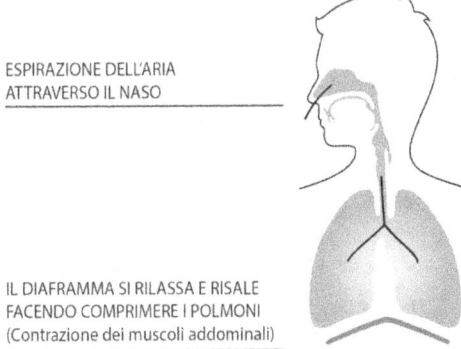

ESPIRAZIONE DELL'ARIA
ATTRAVERSO IL NASO

IL DIAFRAMMA SI RILASSA E RISALE
FACENDO COMPRIMERE I POLMONI
(Contrazione dei muscoli addominali)

Figura 14: Il diaframma

Tornando alla compilazione dei trattati, Gärtner giustamente inizia i suoi esperimenti proprio dalla respirazione e solo in seguito espone le sue ricerche sul vibrato. Egli, con un preciso inciso, descrive la coordinazione tra i muscoli addominali ed il diaframma come una sinergia perfetta e, inoltre, aggiunge:

> il risultato dell'uso appropriato di questi gruppi muscolari è il così detto appoggio. Per spiegarlo, può servire il paragone della pressione addominale (terminologia medica: manovra di Valsava) conosciuta a tutti noi, come la si può osservare durante la evacuazione, oppure durante il parto.[32]

Per la produzione del bel suono è assolutamente necessaria questa pressione interna che ha la risultante delle sue forze pari a zero grazie alla chiusura totale della glottide (l'addome spinge verso l'alto e il torace verso il basso). Come si crea questa pressione? La pressione è il rapporto tra la forza totale che agisce su di una superficie e l'area della superficie stessa; in altre parole, è l'atto di premere o esercitare un'azione su una determinata superficie. Essa è pari a zero quando la risultante delle forze si annulla. Ciò avviene, ad esempio, quando la glottide si chiude; viceversa, non sarà pari a zero, ma con valori differenti, quando permetteremo la fuoriuscita di aria. Quindi, in risposta alla domanda, la contrazione dei muscoli del torace e del diaframma genera una forza verso il basso, contemporaneamente i muscoli addominali si contraggono verso l'alto e generano la pressione interna fondamentale per il controllo totale dell'emissione di aria: stiamo "appoggiando il suono". L'appoggio si distingue in due tipologie: basso (appena descritto) e alto. Relativamente, il primo prevede la sensazione di posare il proprio torace su di una porzione del corpo situata all'incirca all'altezza della vita; il secondo (utilizzato maggiormente dai cantanti e da alcuni flautisti) prevede l'ampliamento della zona toracica. L'appoggio alto, inoltre, incrementa le capacità polmonari; durante l'emissione di una nota lunga, si può tentare di arrivare a questo incremento di volume pensando il mantra seguente: «voglio allargare il torace mentre soffio». Ci sarà un incremento di durata della nota dovuto al minor spreco d'aria; inoltre, un torace già largo permette una ripresa d'aria molto più rapida del normale.

4.1.4 - Le differenti tipologie di vibrato

L'appoggio è importante, direi fondamentale, perché permette all'esecutore di suonare in maniera rilassata ed intonata, con un suono caldo e corposo. Inoltre, attraverso l'alternanza del suo utilizzo, si può dar vita ad altri due mezzi espressivi: il martellato (erroneamente detto colpo di diaframma) ed il vibrato toraco-addominale; dunque, una compressione addominale "a singhiozzo" genera queste tipologie di abbellimento. Se la frequenza è molto bassa sarà nominato *martellato*: 1-3 colpi addominali al secondo (1-3 Hz);[33] tuttavia con l'esercizio si può imparare anche a trasformare il martellato in vibrato toraco-addominale (4-6 Hz), basta impostare il metronomo alla velocità di 60 bpm ed eseguire più di quattro colpi toraco-addominali al secondo.

L'altra tipologia di vibrato è detta laringea, nome derivante dalla porzione di corpo maggiormente stimolata che custodisce le preziose corde vocali. Quest'ultime, essendo molto duttili, piccole ed agili, possono essere utilizzate in diversi ambiti: permettono all'essere umano di esplicitare la sua intelligenza attraverso la parola, di connettersi con gli altri, fungono da strumento musicale per i cantanti, danno vita a melodrammi dalla rara bellezza o a canzoni suonate assieme alla chitarra e permettono, infine, di cantare dentro il suono (linguaggio sul quale ci soffermeremo nel cap. 5.1). Inoltre, grazie a piccole modifiche apportate sull'apertura della glottide, è possibile modificare la qualità del suono rendendolo (ad es.) più o meno timbrato. La laringe è un vero e proprio mezzo espressivo per tutti gli strumentisti a fiato.

---

32 GÄRTNER Jochen, *Das Vibrato*, edited by Gustave-Bosse, Verlag, 1973; GÄRTNER Jochen, *Il vibrato*, traduzione in italiano a cura di Gian-Luca Petrucci e Ginevra Petrucci, Vigormusic edizioni musicali, 2012
33 1 Hz è uguale ad un ciclo per secondo.

Figura 15: La laringe (visione dall'alto). Nella sezione a sinistra, vi è una totale chiusura delle corde vocali, la glottide (colorata di nero) è piccolissima, praticamente inesistente; nell'altra, si noti come la glottide ampia e le corde vocali distanti permettano una grande fuoriuscita d'aria. Le frecce indicano il verso che i muscoli crico-aritenoidei fanno seguire alle corde vocali.

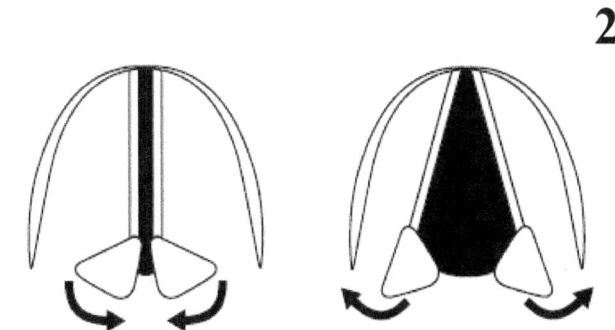

Sono molteplici le possibilità di utilizzo di queste corde nascoste, esse sono la culla dell'espressione; è un peccato ignorarle, non utilizzarle a proprio piacimento e non metterle in una posizione di rilievo durante lo studio giornaliero. L'azione di avvicinamento e di allontanamento delle corde vocali crea una "reazione a catena" nella quale si generano, rispettivamente, una chiusura (non per forza totale) ed un'apertura della glottide. Questo processo permette di far passare un flusso d'aria piccolo e poi uno grande; se viene eseguito in maniera ritmica, produce il vibrato laringeo che è molto snello ed agente direttamente sull'intonazione. Esso è molto simile a quello violinistico mentre il vibrato toraco-addominale non lo è poiché agisce in maniera significativa anche sull'intensità sonora. Un'importante avvertenza per gli esecutori è quella di essere vigili durante l'esecuzione di un vibrato laringeo con una frequenza molto alta: è elevato il rischio di chiudere totalmente la glottide causando l'interruzione del suono (in altre parole, si tende a pronunciare la consonante *c* poiché la parte posteriore della lingua s'infrange contro il palato molle). Così facendo, sicuramente ci sarà una maggior frequenza dei cicli per secondo (vedi fig. 16) ma, tecnicamente, non si tratterà di vibrato laringeo bensì di chevrotement. Questo termine, derivante dal verbo francese *chevroter* (belare), fa riferimento ad un abbellimento sconsigliato dai grandi maestri del Seicento perché è somigliante, appunto, al verso della pecora e risulta quindi di cattivo gusto all'ascolto. Sin dal XVII secolo, vi sono state importanti critiche a riguardo ma ciò non significa che non si dovrà utilizzare mai; il suo uso sarà parsimonioso, previa riflessione e giustificazione esecutiva (ad esempio, *La danse de la chevre* di Honneger è un brano nel quale si può assolutamente utilizzare lo chevrotement).

Come può essere Gärtner così certo che il laringeo sia migliore e soprattutto più agile? Sicuramente non abbiamo bisogno delle seguenti spiegazioni: «il laringeo piace di più al mio orecchio» oppure «su dieci esecutori gli esperimenti hanno dato questo risultato». Vogliamo risposte oggettive, universali ed accettabili da tutti; facciamo un'ipotesi. Un esecutore, magari flautista, già professionista e dal talento indiscusso, ama il vibrato toraco-addominale poiché gli permette di colpire la coscienza dell'ascoltatore, di eseguire brillanti interpretazioni con *patos* e di porre gli affetti particolarmente in risalto. Il flautista romanticone decide di studiare molto il vibrato, tutti i giorni, perché lo trova un poco lento e grasso. Per un mese eseguirà soltanto studi sul vibrato "di diaframma" cercando di snellirlo il più possibile e renderlo rapido ed agile. Ecco, purtroppo ha tralasciato un elemento fondamentale: la teoria. Senza lo studio non si va da nessuna parte e si perde molto, molto tempo. La differenza tra un ottimo ed un mediocre musicista sta nella pratica quotidiana. Tornando al nostro flautista romanticone, egli ha tralasciato, nei suoi ragionamenti, una domanda essenziale: non riflette su qual'è la più rilevante differenza tra la laringe e il diaframma... è la dimensione. I muscoli piccoli sono molto agili e possono muoversi in maniera più varia di quelli di maggior dimensione che sono lenti e poco flessibili. La maniera più intelligente per eseguire un vibrato snello, delicato, preciso e con *souplesse* è quella che prevede l'utilizzo del vibrato laringeo.

Il flautista preso in esempio, perseguendo come obiettivo quello di aumentare il numero di cicli al secondo dell'onda sinusoidale, avrebbe risparmiato molto tempo semplicemente documentandosi a dovere, senza tale ricerca non è detto che arrivi al suo obiettivo. I muscoli rapidi, precisi e reattivi sono quelli che permettono il moto agli occhi, alla laringe e alle mani. In antitesi, troviamo muscoli poco precisi e dalla funzione di sostegno sulla schiena e sul collo. Sono inutili giorni e giorni di studio per la ricerca di un vibrato veloce e rapido basato sui movimenti del diaframma. Non sono futili gli esercizi sul toraco-addominale, al contrario, va studiato anche per avere una tavolozza espressiva più ampia; è sterile però, provare a renderlo il più veloce tra le due tipologie di vibrato poiché sarebbe contro natura. Lo studio non è mai inutile ma talvolta potrebbe essere più rapido e intelligente.

Figura 16: Il martellato, il vibrato, lo chevrotement. Differenziazione per cicli per secondo (da 1 a 10Hz); in base al loro numero ed alla modalità di produzione vi è la giusta denominazione.

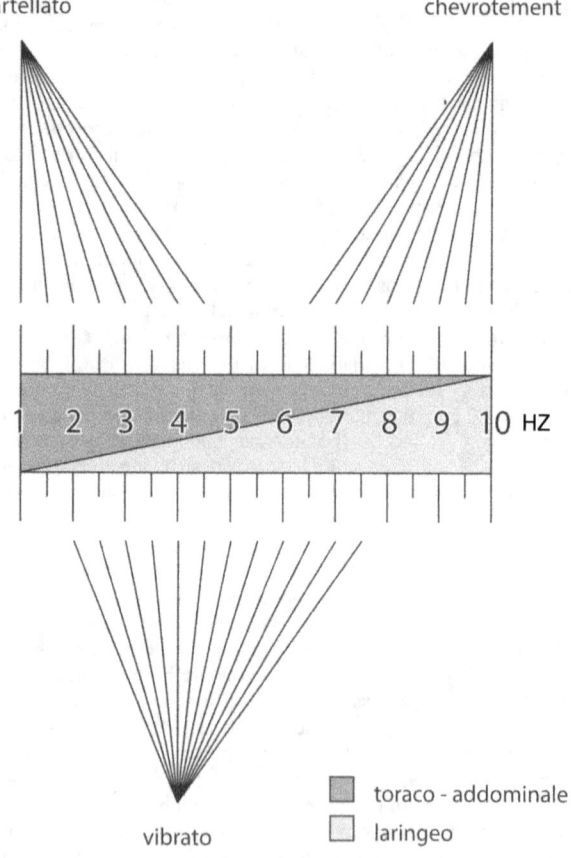

In conclusione, il vibrato laringeo non è migliore o peggiore, è differente. Per la sua realizzazione agiscono muscoli più piccoli rispetto a quelli in azione nel toraco-addominale e permette di centrare meglio il suono perché implica spostamenti minimi e poco rilevanti in relazione a quella che è la vostra postura standard.

4.1.5 - Gli esperimenti

Gärtner, insieme alla sua equipe formata da tecnici e collaboratori, sceglie l'elettromiografia come strumento scientifico più consono per descrivere il movimento dei muscoli. Essi si muovono grazie all'energia che ricaviamo dal cibo e dall'ossigeno. I muscoli in stato di rilassamento hanno un potenziale di riposo di 90 millivolts; una volta arrivato l'impulso del movimento dal tronco encefalico, si crea un abbassamento dei millivolts (il potenziale d'azione) ovvero una vera e propria emissione di corrente nel muscolo. L'elettromiografia permette di riportare su carta ogni movimento muscolare. Gli elettrodi ad ago sono ancora più efficaci ma poiché due *experimental subjects* (ES) sono svenuti a causa di questi rilevatori, si è optato per l'utilizzo dell'elettromiografia tradizionale. Sono stati analizzati l'addome (retto addominale, obliquo esterno nelle sue parti anteriori e laterali), il torace (parte costale del muscolo esterno obliquo), il diaframma e la laringe (muscolo cricotiroideo).

Il processo di rilevamento dei dati è al quanto minuzioso ed è frutto di ottimizzazioni durate più di un anno. Un perfezionamento adottato è stato quello di amplificare il suono del flauto. Infatti, l'utilizzo di un microfono, di un amplificatore e di un mezzo trascrittore su lunghe strisce di carta ha permesso di effettuare delle comparazioni ottico-acustiche. Il tutto è visionabile nella figura 17 che dimostra come Gärtner ottiene registrazioni grafiche del movimento dei muscoli da confrontare con le registrazioni grafiche permanenti dei tracciati sonori. Da questi lunghi fogli di carta si evince che i più rilevanti movimenti sincroni al tracciato sonoro sono quelli laringei e che il diaframma lavora con enfasi solo nella parte iniziale del documento ovvero nel momento dell'inspirazione.

Immedesimandoci in quei flautisti che vengono nominati, nei grafici Gärtneriani, come *experimantal subject*, potremmo provare ad immaginare il coraggio e le sensazioni che hanno avuto. Essi erano stati scelti in base a precisi ed obiettivi criteri: vi era un determinato numero di uomini e di donne di nazionalità varie e di età differenti proprio per effettuare una ricerca nella maniera più universale e veritiera possibile. Di certo, non è una sensazione gradevole quella di avere dei fili nella laringe, non è piacevole suonare con degli elettrodi in bocca. Eppure questo grande esperimento è stato fatto e per questo dobbiamo esser loro riconoscenti. Gärtner sapeva che

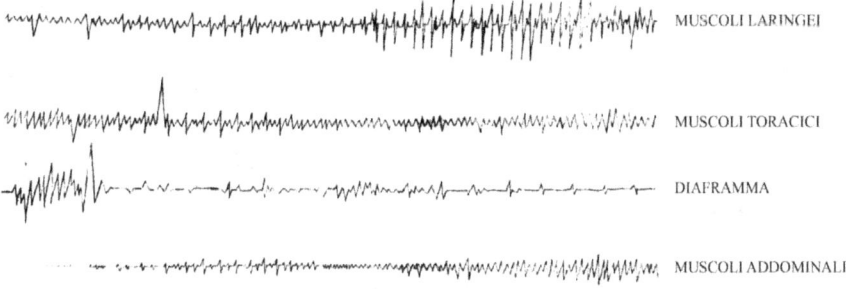

Figura 17: Un estratto di trascrizione su lunga striscia di carta. Tracciato laringeo, toracico, diaframmatico e addominale

non era il massimo suonare in quelle condizioni e fece di tutto per mettere gli ES a loro agio cercando di rendere la sua ricerca il più scientifica possibile.[34] Pensò di farli riscaldare con note lunghe e successivamente di fargli eseguire dei passi orchestrali per flauto. Vennero registrati, da ES 4 in poi, i seguenti soli: Brahms: *Prima Sinfonia*, IV movimento; Bizet: *Carmen*, Intermezzo; Debussy: *Prélude à l'Après-Midì d'un Faune*. Chiaramente furono imposti brani dal carattere lirico e dal tempo relativamente lento, non di certo il solo di *Pierino e il lupo* di Prokofiev; tale scelta permette di eseguire il vibrato nel pieno della sua funzione. Le fonti cartacee di Gärtner riportano esecuzioni di note lunghe in diversi registri ornate con il martellato, lo chevrotement ed il vibrato; sono stati eseguiti anche suoni col passaggio da un ornamento all'altro e viceversa.

In conclusione, dai grafici si evince come il diaframma abbia una funzione di sostegno e di appoggio; il muscolo dona un essenziale contributo all'atto respiratorio e certamente è partecipe nell'esecuzione del vibrato ma sono i muscoli laringei che ne dettano frequenza e altezza in maniera più rilevante. La laringe si allarga e si stringe in sincronia perfetta con il vibrato e ne è palesemente la sorgente primaria.

4.1.6 - Il metodo ed il CD

In seguito all'inserimento di fotogrammi ai raggi x illustranti la laringe mentre esegue il vibrato, vi è la parte terza, l'ultima del trattato in analisi. S'intitola *Idee circa un metodo didattico illustrato*[35]. Tra tutti i libri che trattano il tema dello studio del vibrato, quello di Gärtner è forse il metodo più completo poiché è molto dettagliato ed utile ai fini esecutivi; didatticamente è suddiviso i tre sezioni (A,B e C). Nella prima parte invita all'ascolto del vibrato prodotto dai flautisti di rinomata fama, nella seconda sviluppa esercizi per il vibrato toraco-addominale e infine si dedica ad un metodo per il vibrato laringeo.

Per la sezione B sono importanti gli studi della scuola francese, per la C quelli della scuola italo-tedesca. Poiché la compilazione di Gärtner si ferma nella prima metà del Novecento, in questo libro, saranno analizzati il pensiero di Graf (allievo diretto di Moyse che è il più illuminato flautista della scuola francese) e Pretto che, tra l'altro, metteranno a confronto le loro due diverse scuole flautistiche.

In chiusura, si può metter la mano sul fuoco asserendo che il lavoro di Gärtner è incredibilmente utile, se non essenziale ad ogni musicista che suona uno strumento a fiato. Il suo lavoro permette di essere liberi dalla schiavitù tecnica e di pensiero, liberi di poter enfatizzare una frase, un periodo o una singola nota come e quando davvero si vuole, liberi di essere dannatamente flessibili e di avere venti, trenta o più, tipologie di vibrato. Purtroppo, Gärtner non è riuscito a sviluppare un metodo completamente esaustivo per lo studio del vibrato; egli amava il flauto, ma principalmente era un ricercatore e uno scienziato. Aggiornato al giorno d'oggi da Gian-Luca Petrucci, è altrettanto interessante il CD-Rom testimoniante lo sviluppo di questo mezzo espressivo. Si potranno ascoltare i più grandi esecutori del Novecento in una raccolta completa ed illuminante: Gaubert, Flesch (importante musicista d'ispirazione per Gärtner), Moyse, i violinisti Heifetz e Oistrakh, Gazzelloni, il violoncellista Rostropovich, Nicolet, Rampal, Marion, Galway, Petrucci e lo stesso Gärtner[36]. Si potrà osservare lo sviluppo del vibrato in un CD che include fonti sonore dal 1908 (Hennebains) al 2011 (Pellarin). Il libro dello scienziato è d'interesse anche per i direttori d'orchestra, compositori ed ogni altro amante della cultura musicale: è la cassaforte che custodisce i segreti di un infinito mezzo espressivo.

---

34 I differenti musicisti sono stati chiamati *Experimental Subject* per tutelare la loro identità e la numerazione posta in seguito permette ai soli scienziati di identificare la persona. ES 4 si leggerà dunque *Experimental Subject n.4*

35 GÄRTNER Jochen, *Das Vibrato*, edited by Gustave-Bosse, Verlag, 1973; GÄRTNER Jochen, *Il vibrato*, traduzione in italiano a cura di Gian-Luca Petrucci e Ginevra Petrucci, Vigormusic edizioni musicali, 2012

36 Il presente elenco è una minoranza di quello completo: vi sono circa 80 esecutori e 87 traccie sonore dalla durata di qualche decina di secondi l'una.

4.2 - La scuola italiana e quella francese

Come già scritto nel capitolo 4, il Novecento è il secolo al quale si può meglio applicare la teoria della doppia faccia della medaglia: in una il Vietnam, dall'altra la crescita demografica; da un lato i tedeschi, dall'altro gli americani; in una faccia le guerre mondiali, nell'altra la Comunità Economica Europea; distruzione da un lato, cultura dall'altro; da una parte Paul Taffanel e Philippe Gaubert, dall'altra Arrigo Tassinari. Un mondo di simili e di contrari che vivono sullo stesso pianeta. Ci si chiederà cosa c'entrano i flautisti poc'anzi citati. Essi sono i capofamiglia delle due scuole flautistiche che si sono differite per funzionalità ed efficacia nell'ultimo secolo.

Frutti della **scuola francese** sono: Moyse, Graf, Wye, Bennett, Galway, Klemm, Gallois.	Nell'altra faccia della medaglia, la **scuola italiana** propone: Gazzelloni, Persichilli, Petrucci, Cambursano, Pretto e Formisano.

La scuola francese predilige gonfiamenti dinamici all'interno delle frasi; sviluppa flautisti con un imboccatura distesa (labbra rilassate) che permette all'esecutore di usufruire di una vasta tavolozza timbrica e di giocare molto con i colori sonori dolci e rotondi. La scuola italiana, come la vecchia scuola tedesca, favorisce un fraseggio omogeneo, è caratterizzata da una disomogeneità tra i registri e dà vita all'imboccatura tesa (labbra formanti un sorriso) che genererà un suono piuttosto netto, sottile e doterà l'esecutore di un'ampia escursione dinamica. Trattasi di due scuole con un approccio completamente differente sia tecnico che estetico. Nella pagina seguente, si schematizzano i dettagli dell'*embouchure* attraverso la figura 18.

4.3 – Graf, Wye, Galway ed il vibrato incompleto

L'ultimo ventennio del Novecento ha messo in luce il vibrato toraco-addominale ed ha oscurato leggermente quello laringeo. Vari metodi, come quelli di Peter-Lucas Graf[37], di Trevor Wye[38] e di James Galway[39] lasciano dedurre che l'esercizio per studiare il vibrato è uno solo poiché non ne illustrano più di uno. Il loro metodo, come visionabile nella figura 19 (ispirata dai metodi per flauto di Graf[40] e di Felicioni[41]), consiste nel dare colpi di diaframma su note staccate (senza colpo di lingua) e ripetute prima lentamente e poi sempre più velocemente in maniera sempre misurata. É questo il metodo più efficace e corretto dello studio del vibrato di diaframma.

---

37 GRAF Peter-Lucas, *Check-up – 20 basic Studies for Flutist*, Schott, Mainz, 1993 – traduzione italiana a cura di TUJA Silvia, *Check-up*, 20 esercizi di base per flautisti, Schott.

38 WYE Trevor, *A Trevor Wye practice book for the flute, book 4, Intonation & Vibrato*, 1980, Novello & Company Limited, traduzione italiana a cura di AAVV, *Trevor wye sei practice books per flauto, volume 4, intonazione e vibrato*, 1997, Riverberi Sonori s.a.s., Roma.

39 GALWAY James, *Flute, (Yehudi Menuhin music guides; no. 2)*, Great Britain, Macdonald & Co Ltd, 1982

40 GRAF Peter-Lucas, *Check-up – 20 basic Studies for Flutist*, Schott, Mainz, 1993 – traduzione italiana a cura di TUJA Silvia, *Check-up*, 20 esercizi di base per flautisti, Schott, pag. 40

41 FELICIONI Marco, *Esercizi di tecnica digitale e del suono per flauto traverso*, Edizioni Musicali Primo Tema s.n.c., Pescara, 1996, pagg. 8-9-10

Figura 18: Le tipologie d'imboccatura

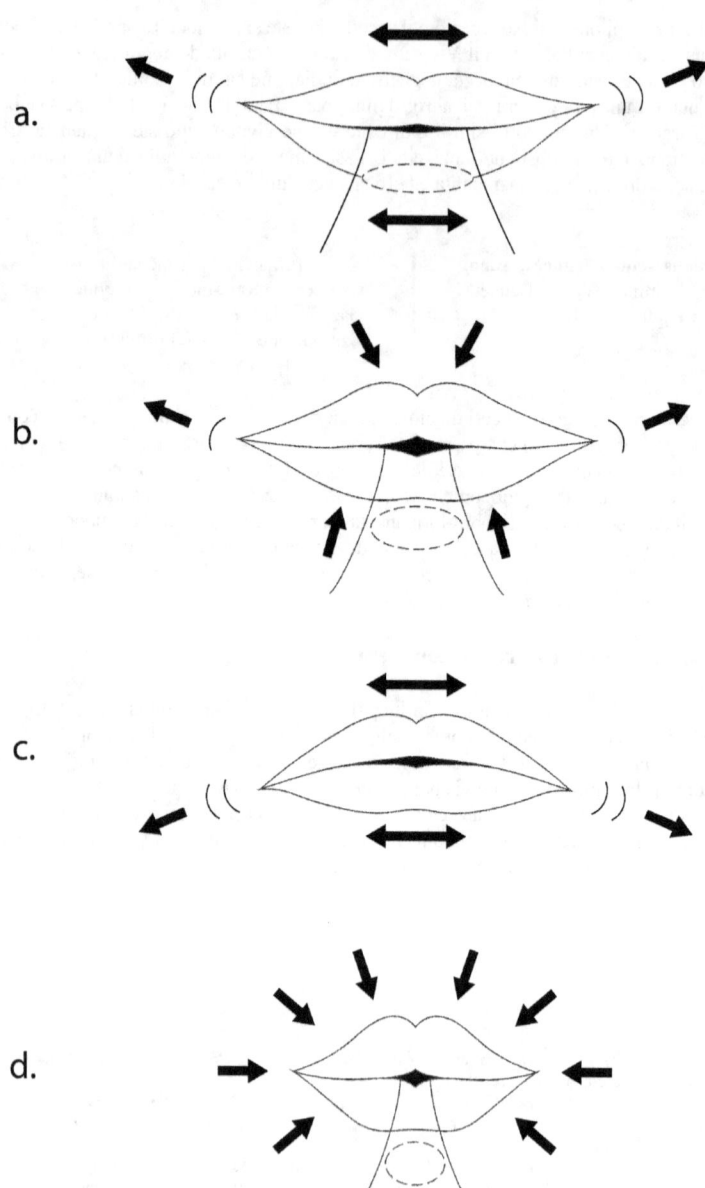

a.

b.

c.

d.

Figura 18 - legenda

a) imboccatura tesa: la mimica facciale è simile a quella di un sorriso a bocca chiusa; soffio largo longitudinalmente e sottile verticalmente, "a lama d'aria" – S. Gazzelloni;

b) imboccatura distesa con labbra leggermente tese ai lati verso le orecchie: soffio più ovale – A. Persichilli;

c) imboccatura a sorriso sarcastico, con labbro superiore più teso di quello inferiore;

d) imboccatura con labbra protese (come per pronunciare la vocale *u*): soffio rotondo e concentrato perché il camino labiale è più profondo – E. Pahud.

Perché il vibrato laringeo non viene trattato? Per moda o perché forse è di cattivo gusto estetico? Certamente no; alcuni trattatisti avrebbero, forse, almeno dovuto accennarne l'esistenza (Wye lo fà) e, per una completezza insindacabile, descriverne un metodo.

A differenza dei sublimi musicisti sopra citati, dotati di uno *charme* di caratura mondiale, Gärtner era un umile ricercatore che aveva lo scopo di cogliere l'essenza del vibrato da un punto di vista neuro-muscolare. Secondo lo scienziato, la zona corporea che agisce maggiormente nel corpo di un esecutore mentre produce un suono vibrante è la laringe ma quasi tutti i trattati tecnici portano soltanto allo studio vibrato toraco-addominale. Gärtner ha messo in luce, con il suo operato, una grave lacuna culturale e sebbene il suo trattato sia completo, illuminante e fondamentale, gli esercizi per il laringeo sono pochi e non adatti ad uno studio giornaliero. La parte terza del suo libro (vedi 4.1.6) è fugace e poco esaustiva ma fortunatamente il XXI secolo, trattato nel prossimo capitolo, ne concluderà il lavoro.

Figura 19: Esercizio esaustivo ed efficace per lo studio del vibrato toraco-addominale, ispirato dal metodo illustrato da Felicioni (vedi nota n. 43)

Vibrato toraco-addominale

F. Poretti

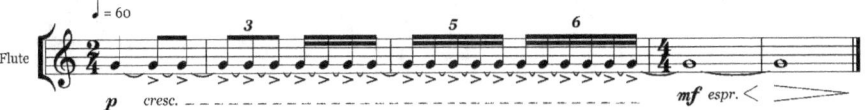

CAPITOLO 5

I metodi empirici del secolo XXI

Il primo ventennio del XXI secolo non ha apportato grandi cambiamenti nella musica d'arte. Anch'essa è vittima dell'evoluzione tecnologica ed i compositori dalla maestria di una volta, quelli che hanno dipinto musiche celestiali, non si vedono più. La nuova scrittura atonale sembra non avere sviluppi adeguati, ne orecchie propense ad accettarla e vi è una nuova crisi compositiva che oramai dura da trent'anni, se non di più.

5.1 – Il metodo Pretto

Figura 20: La masterclass "Dentro il suono" tenuta dal M° Pretto. Conservatorio "Luisa D'Annunzio" di Pescara, 18 e 19/12/2014.

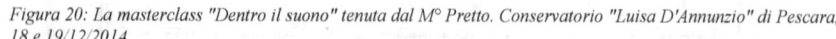

Edito nel recentissimo 2012, *Dentro il suono* di Giampaolo Pretto[42] propone studi innovativi per lo più atonali: clusters, multifonici, esercizi di tutti i tipi con gli armonici, canto nel suono, eccetera. Sembra proprio che la volontà dell'autore sia d'indurre l'allievo a cantare con il flauto ed in effetti, seguendo passo passo gli esercizi proposti, il suono strumentale diverrà la vostra voce. Tra i moderni trattati, questo è il solo che non prende in considerazione il vibrato toraco-addominale.

---

42 PRETTO Giampaolo, *Dentro il suono – quarantanove studi per fare del suono la propria voce*, Riverberi Sonori s.a.s., 2012, Roma.

Nella sua introduzione, il virtuoso flautista, direttore d'orchestra e compositore afferma che il suo libro non procede in maniera scientifica, bensì empirica. É forse proprio per questo che analizzerà il vibrato laringeo. Un'altra differenza che noto rispetto ad altri metodi del Novecento, riguarda la tipologia di linguaggio: il libro è ricco di lunghe spiegazioni e più modesto con la notazione musicale; ogni esercizio è introdotto da un'esaustiva e ricercata introduzione letteraria. Dopo alcuni esercizi giornalieri di check-up, dopo aver focalizzato nella gola il nodo chiave per il bel suono e per il suo totale controllo, il metodo induce lo studente a cantare mentre suona il flauto, dapprima con note lunghe e man mano con note sempre più corte. Porterà a cantare e suonare semicrome a distanza di quinte e seste minori.[43] Si illustra di seguito, l'esercizio sullo studio del vibrato più all'avanguardia che i vari trattati, scientifici e non, ci offrono. Lo suddivido, per comodità, in quattro fasi.

1.   Suonare con il flauto (o con un altro strumento a fiato) una nota lunga tenendola senza variarne l'intonazione, un *si4* ad esempio (o qualsiasi altra nota).
2.   Intonare con la voce un altro *si* (in un registro comodo, a piacere), poi un *la* diesis, poi nuovamente un *si* e così via. Lo studio, quindi, porterà a suonare una nota lunga con il flauto e contemporaneamente a cantare un trillo inferiore.
3.   Il lavoro vocale sarà dapprima lento ed in seguito sempre più veloce. L'obiettivo è quello di rendere il trillo vocale il più agile possibile all'interno del suono strumentale.
4.   Interrompere bruscamente il canto e continuare a vibrare soltanto con le corde vocali: in questo modo sarà nato il vibrato laringeo. L'esercizio permette di eseguire un vibrato che viene definito profondo ed intenso; se il trillo si eseguirà invece con una nota a distanza di un tono ascendente esso risulterà brillante. Per una totale comprensione, si prenda visione della figura 21, estratta direttamente dal libro *Dentro il suono* grazie ad un diritto di copia concessomi direttamente dall'autore.[44]

Trillo superiore: **vibrato brillante**
Trillo inferiore: **vibrato profondo e intenso**

Senza alcun dubbio, il libro di Pretto chiude la linea che per molti secoli ha portato il vibrato ad evolversi ed a perfezionarsi. Nel trattato mancano gli studi classici ma, come chiarito dall'autore nella prefazione, il fine è proprio quello di spiegare ciò che altri scritti non dicono[45]. Ciò giustifica l'assenza di scale maggiori e minori, arpeggi classici o di un metodo per lo studio del vibrato toraco-addominale; permette di dare spazio ai *clusters*, salti atonali rendendo questo metodo innovativo, empirico ed essenziale.

43 PRETTO, Giampaolo, *Dentro il suono – quarantanove studi per fare del suono la propria voce*, Riverberi Sonori s.a.s., 2012, Roma, da pag. 39 a pag. 54
44 PRETTO, Ibidem, pagg. 55, 56, 57
45 PRETTO, Ibidem, introduzione

Figura 21: Lo studio sul vibrato laringeo, estratto da:
PRETTO Giampaolo, *Dentro il suono – quarantanove studi per fare del suono la propria voce,* Riverberi Sonori s.a.s., 2012, Roma, *pag.57.*

CAPITOLO 6

Le quattro vie

Metaforicamente, il percorso storico del vibrato è come una strada lunga, tortuosa, con molte curve e buche pericolose, che può indurre a conclusioni troppo affrettate e giudizi inappropriati. Lo studio di questo cammino affascinante e ricco di nozioni ha la semplice funzione di permettere a qualsiasi artista di perfezionare le proprie esecuzioni, raffinandole e rendendole più consapevoli. Attraverso questo libro voglio far creare un'opinione sul vibrato ad ogni lettore, opinione che dev'essere il più obiettiva possibile.

Sintetizzando e concludendo, si evince che il percorso della storia del vibrato si dirama in quattro vie: la *via del Seicento*, che indica di utilizzare l'abbellimento con parsimonia e solo nelle note lunghe (soprattutto flattement e battement); la *via del Settecento*, che pur non cambiando ancora la funzione al vibrato, ne permette un utilizzo più intenso ma pur sempre misurato (oltre al flattement ed al bettement si fa uso del vibrato di soffio); la *via dell'Ottocento*, che porta ad una forte espressività consentendo di vibrare per frasi intere e cambiando drasticamente la funzione del vibrato: esso diventa un mezzo per esplicitare gli affetti; la *via del Novecento*, che toglie i freni sull'utilizzo del vibrato e lo rende una tra le molteplici qualità del suono al pari (quasi) di altezza, intensità e dinamica.

In my view, vibrato gives life to the sound, allows for intensity, and helps a player to focus.

James Galway[46]

---

46 GALWAY James, *Flute, (Yehudi Menuhin music guides; no. 2)*, Great Britain, Macdonald & Co Ltd, 1982

PERCORSO ESTETICO

CAPITOLO 7

Il vibrato del Seicento

In questa seconda sezione verranno presi in considerazione i ragionamenti dei musicisti aventi come tema il buon gusto sull'utilizzo del vibrato. Più nello specifico verranno analizzati alcuni aspetti cruciali sull'esecuzione di questo abbellimento ovvero il come ed il quando vibrare. Non sempre si deve utilizzare il vibrato e nel momento in cui lo si fa bisogna usarlo correttamente, osservando il contesto storico, l'armonia, la forma e la relazione tra i suoni. Molti sanno vibrare ma per essere filologici e musicali allo stesso tempo ci si deve porre parecchie domande.

L'estetica musicale è un ramo della filosofia dell'arte avente per oggetto i fondamenti del bello[47].

L'estetica del vibrato è un ramo della fenomenologia del suono e del suo fraseggio (correlazione tra i suoni) avente come oggetto il bel vibrato. Ogni fonte che tratta le problematiche sull'utilizzo ed il ruolo di questo abbellimento in un fraseggio musicale fa parte dello studio estetico del vibrato. Il fraseggio è una componente fondamentale di questa speculazione: è lo sfondo nel quale vengono dipinti i soggetti. Solo in relazione ad esso, il *bello* può avere luogo; pertanto, si leggeranno scritti e udiranno maestri che indicano un determinato punto della frase dove è bene vibrare o un altro dove è sconsigliato farlo, magari perché l'esplicitazione della tensione armonica porta ad evidenziare tal nota e non l'altra.

Attraverso i libri rinvenuti fino ai giorni nostri, possiamo estrapolare alcuni consigli su come vibrare e affermare che il vibrato seicentesco (sugli strumenti a fiato) era eseguito in diverse maniere. Di seguito, sono elencate in ordine di maggior utilizzo: con le dita, col diaframma, con il tremore della testa o del braccio, con le labbra e con il fiato. Era in voga anche utilizzare più tecniche contemporaneamente (come spiega Tromlitz[48]): ad esempio, si abbinava il tremolo di dita con dei colpi di diaframma. Col tempo si affinò anche l'estetica del vibrato ed in poche decine d'anni si arrivò a denigrare lo chevrotement. L'imitazione del belare della pecora infatti, non era affatto gradito poiché ritenuto di cattivo gusto (vedi anche cap. 4.1.4).

Con dei colpi di petto si può abbellire il suono del flauto rendendolo fluttuante e piacevole ma soltanto se la movenza è rilassata e non brusca.[49]

Il vibrato, secondo Quantz, dev'essere piacevole e, tradotto con un linguaggio dei giorni nostri, non dev'essere né troppo ampio e né troppo rapido. Nonostante il compositore e flautista tedesco sia vissuto agli inizi del Settecento, è in assoluto accordo con i musici seicenteschi, che gradiscono la voce leggermente vibrante (vedi cap. 1.2). Considerando le svariate fonti, si può dire che tutto ebbe inizio con Praetorius; egli, col suo dilemma, marca il punto d'inizio del tragitto estetico del vibrato, dà vita alla speculazione nella trattatistica musicale richiedendo maggiore attenzione agli esecutori e facendo loro porre le questioni: «il vibrato è utile o no in questa nota? Qui, è fuori luogo o funzionale? Troppo intenso? Devo moderarne l'utilizzo?» É appena iniziata la compilazione estetica del vibrato.

---

47 *Garzantine, Musica,* a cura di Lanza Andrea, Garzanti editore, 1999, pag. 699

48 TROMLITZ Johann George, *Ausführlicher und gründlicher Unterricht die Flöte zu spielen,* Böhme, Lipsia, 1791; traduzione in italiano a cura di BOTTEON Luisella, *Metodo per suonare il flauto,* Carisch, Milano, 1989.

49 QUANTZ Johann Joachim, *Versuch einer Anweisung die Flöte traversière zu spielen,* Johann Friedrich Voss, 1752, Berlino; traduzioni italiane: *Saggio di un Metodo per suonare il Flauto Traverso,* a cura di Luca Ripanti, Rugginenti editore, Milano, 1992; *Trattato sul Flauto Traverso,* a cura di Sergio Balestracci, Libreria Musicale Italiana Editrice, Lucca, 1992.

CAPITOLO 8

La prassi esecutiva nel XVIII secolo

Tra i più significanti trattati del XVIII secolo troviamo certamente quello di Leopold Mozart. É molto voluminoso, pregno di nozioni tecniche e ricco di minuziose spiegazioni sull'estetica musicale che ogni strumentista può cogliere. Speculazioni a tal riguardo si trovano anche tra gli scritti di Hotteterre, Quantz, Matthenson, C. Ph. E. Bach e molti altri. Sono tutti d'accordo sull'utilizzare il tremolo con parsimonia, con intelletto, in funzione della musica ed in punti facilmente individuabili.

> Bisogna evitare di impiegare il tremolo su tutte le note. Tuttavia, ci sono esecutori che vibrano perennemente, come se avessero la febbre. Si deve abbellire col tremolo ogni nota finale o qualunque nota lunga..[50]

Il sarcasmo di Mozart è più attuale che mai, prende in giro alcuni esecutori paragonandoli a dei febbricitanti. In realtà, questo vizio di tremolare sempre e ovunque non è andato perduto col tempo, pur di vibrare, a volte, si allunga addirittura il valore delle note. La filologia è una parola che a troppi (nel 2016) è ancora sconosciuta. Si può certamente arrivare a compromessi, ma ciò non significa sottomettere la storia. Mozart è categorico: si vibrano soltanto le note lunghe. Ciò non significa tuttavia che ogni nota lunga dev'essere vibrata poiché la prassi esecutiva del Settecento prevedeva di abbellire le melodie con il trillo, il mordente, le appoggiature, le acciaccature, il *flatté*, la *tierce coulée*, i vari tipi di gruppetti e molto altro.

Hotteterre, contemporaneo di Mozart, scrive un trattato di ragguardevole interesse. Egli sottolinea come sia difficile poter spiegare per via cartacea i momenti esatti per vibrare. In effetti, anche al giorno d'oggi, la maniera migliore per capire come è giusto (o inappropriato) utilizzare il vibrato è quello di ascoltare i grandi interpreti. Anch'essi però, sono spesso in contraddizione; basti confrontare esecuzioni della Callas con quelle di Pavarotti, di Heifetz con quelle di Ojstrakh, di Gallois con quelle di Galway. Ecco dunque che un'accurata ricerca storica correlata ad una minuziosa analisi tecnica rende il nostro pensiero retto e lineare scacciando ogni discordanza.

Hotteterre c'insegna che il flattement si produce sulle note lunghe, nei tempi lenti o nelle battute che si ripetono uguali. Non vi sono regole universali per l'utilizzo del vibrato, non esiste una ricetta esatta ma, perlomeno, abbiamo una serie di ingredienti e questo è un ottimo punto di partenza. Bisogna avere buon gusto, esercitarsi e mai esagerare. In ultimo, il saggio flautista seicentesco dona un nobile consiglio: invita a studiare gli spartiti in cui il vibrato è notato dai maestri in maniera tale da imitarne l'utilizzo in tutti gli altri brani (vedi fig. 3 a pag. 4). Aggiunge in seguito, che tali abbellimenti non si trovano spesso in notazione nelle composizioni se non in quelle scritte dai maestri per gli allievi. Di significativo interesse sono gli ultimi tre paragrafi dell'analizzata opera in cui Hotteterre, dopo aver accuratamente elencato le diteggiature di ogni flattement e battement, asserisce che le note al di sopra del *mi* della terza ottava flautistica non hanno bisogno del tremolo poiché i suoni emessi sarebbero troppo forzati.

La linea di confine inizia a tracciarsi; essa è come un muro: da un lato vi è il compito di ornamento, dall'altra, nel Romanticismo, la funzione di esasperare l'espressività musicale. In sintesi, nel periodo sei-settecentesco, non si può definire con regole schiette e precise il bel vibrato poiché mancano le fonti sonore ma si possono delineare alcune direttive attendibili (visionabili nello specchietto seguente) molto prossime al gusto del periodo preso in analisi.

---

50 MOZART Leopold, *Gründliche Violinschule, mit vier Kupfertafeln und einer Tabelle*, Augusta, 1787, traduzione in italiano a cura di RIPANTI Luca, *I fondamenti della scuola del violino*, Edizioni Nuova Prhomos, 2012, Città di Castello.

Quattro regole[51]

● Una regola è netta: sopra al *mi* della terza ottava del flauto, non si vibra.

● Una norma utile: vibrare solo le note lunghe; nel Seicento, quelle che durano per l'intera battuta; nel Settecento, quelle che valgano almeno due movimenti.

● Il vibrato dev'essere prevalentemente battement o flattement; quello laringeo non è ancora una prassi esecutiva di tendenza.

● Un'ultima direttiva: ricordarsi sempre che il vibrato è come un trillo e, quindi, bisogna applicarlo con metodo; le note, di base, non devono essere vibrate.

8.1 - Lo studio sul vibrato del Seicento

Per mettere in pratica le quattro regole ho notato, nella pagina che segue, l'esecuzione del vibrato da inserire nella straordinaria Sonata II dall'*opera 29a* di Benedetto Marcello. All'interno del sistema endecalineo, nel pentagramma superiore è fedelmente riprodotto il manoscritto; in quello inferiore, vi è la notazione del vibrato in chiave moderna. Si potranno, dunque, analizzare la suddivisione intrinseca metrica dell'abbellimento e la tipologia di vibrato da utilizzare (laringeo, toraco-addominale, flattement, ecc.); si osservino anche le indicazioni inerenti all'ampiezza del vibrato che saranno scritte in basso in lingua italiana (molto ampio, poco ampio, ecc.). Lungi dal mio volere è quello di dettare leggi o fissare ferree regole. Si cercherà solo di guidare lo studioso o il lettore verso una delle possibili interpretazioni dei brani proposti, cercando di osservare il gusto ed i limiti tecnico-strumentali del periodo.

Esaminando brevemente lo studio proposto, è facile asserire che i punti individuati per vibrare (misure 8, 10 e 21) siano forse troppi per un'unica esecuzione; sarebbe opportuno al posto di un flattement o dell'altro inserire delle fioriture alternative. Il vibrato di battuta 8 non è prettamente in stile ma è giustificabile in quanto mette in luce la modulazione passeggera. A misura 21 consiglio di utilizzare il battement in quanto è più efficace del flattement poiché si sente di più; in alternativa a tale abbellimento, un'appoggiatura sarebbe più che di tradizione. Faccio notare, infine, come l'ultimo battement aumenti la sua frequenza in maniera direttamente proporzionale al cambio di dinamica.

Concludendo, non è in stile vibrare ogni nota che permetta l'inserimento di questo abbellimento; al tempo dello stile rococò e di quello barocco sarebbe risultato banale, scontato e di cattivo gusto in quanto è la composizione stessa che non lo richiede.

---

51 Alla fine dei capitoli del percorso estetico, ho inserito una sintesi utile per una corretta prassi esecutiva dei più e meno giovani argomentata con studi in notazione musicale.

Sonata II - Op. 29 a

BENEDETTO MARCELLO

8.2 - Il vibrato tra lo stile italiano e quello francese

Davide Formisano, virtuoso flautista italiano, è stato primo flauto solista dell'Orchestra del Teatro alla Scala[52] e mi ha fatto approfondire alcuni aspetti culturali.[53] In una bella giornata invernale vissuta nel Conservatorio di Pescara, si stava ragionando sul carattere musicale e sui diversi gusti estetici. In particolare ci siamo soffermati sulla prassi italiana seicentesca che è maggiormente lineare e più propensa (previa analisi armonica) a fioriture ed a mutamenti della melodia rispetto a quella francese che è più intrinseca di gonfiamenti e sgonfiamenti dinamici. Abbiamo dedotto che il tutto ha origine dai diversi stili di vita. In effetti, le bellezze del nostro Paese sono invidiate dagli stranieri poiché abbiamo la fortuna di poter assaporare i cibi più gustosi e ricercati al mondo, di poter ammirare sia i monti che il mare ed è rarissimo trovare nazione che può vedere costa e montagna da uno stesso luogo. Dunque, vari fattori stimolano, in un certo senso, la nostra creatività.

Il tutto per dire che nel XXI secolo sono caratterizzanti e di rilevante interesse la ricerca stilistica e le differenze di cultura e tradizione musicale. Tali diversità erano già analizzate nel XVIII secolo: le differenze tra lo stile italiano e lo stile francese, secondo Quantz, si possono avvertire nella prassi esecutiva degli Adagio. Infatti, mentre i francesi si limitavano ad ornamenti essenziali (come trilli, mordenti e acciaccature che non avevano bisogno di una conoscenza dell'armonia), gli italiani gradivano intervalli farciti dalle volatine, scale cromatiche o diatoniche sia ascendenti che discendenti che riempiono l'intervallo in questione. Da ciò si deduce un'importantissima nozione: se i trilli erano più usati in Francia, anche il vibrato (considerato anch'esso una *Cadence* proprio come i trilli) è certamente più adoperato nel Rococò e Barocco francese che in quello italiano. Mi preme guidare il lettore a non fraintendere: in Italia il vibrato è comunque utilizzato, ma in Francia lo si adopera leggermente con più soddisfazione. È dunque fondamentale anche capire il luogo di provenienza della musica da eseguire poiché esso influenza significativamente la tradizione esecutiva.

---

52 http://www.davideformisano.it/it/biografia
53 27/1/2014 – Masterclass presso il Conservatorio "L. D'Annunzio" di Pescara

CAPITOLO 9

Le finezze del Romanticismo

Nelle composizioni antiche, si indicava la bebung per mezzo di puntini oppure colla parola tremolo; nelle musiche più recenti, si lascia l'applicazione del medesimo al giudizio dell'esecutore che deve essere attento a non applicarlo troppo sovente ed in luoghi non adatti. Si deve utilizzare questo abbellimento in passi appassionati che possano esigere special rimarco, come la maggior parte delle note segnate *sf* oppure *diminuendo*. Anche toni tenuti per lungo tratto possonsi ravvivare col medesimo e sarà di buon effetto particolarmente in note tenute crescenti dal piano al forte e viceversa. Se cresce un tal tono dal piano al forte, il tremolo deve anch'esso in proporzione del crescente di forza, accelerarsi, e nel modo opposto conviene contenersi se esso tono diminuisce dal forte al piano. L'applicazione del tremolo presso le due ultime circostanze è difficile e richiede molto esercizio per ottenere un buon crescendo e decrescendo.[54]

Dall'assunto del violinista possiamo estrapolare molte nozioni: una tra tutte ci insegna che anche nelle musiche romantiche bisogna moderare l'utilizzo del vibrato. Al giorno d'oggi, si ascoltano spesso musicisti che suonano imitando altre esecuzioni, che siano esse medievali, romantiche, o galanti. Questa è una prassi che spesso induce ad ispirarsi alle performances sbagliate, non filologiche e poco ragionate. Il processo puramente imitativo ha portato alcuni esecutori a vibrare ogni nota solo poiché la musica è del periodo di Schubert, Weber o Schumann; romanticismo non significa vibrato ma esaltazione degli affetti attraverso di esso. Non basta imitare; è forse opportuno prima documentarsi e poi scegliere il proprio modello di riferimento. Tornando alla citazione del violinista, è bene ricordare che gli esecutori del Seicento, Settecento ed Ottocento vibrano in funzione meramente del fraseggio e del gusto a loro contemporaneo. Imitare anziché analizzare il percorso armonico e linfatico della musica è, ahimè, un errore tipico di molte esecuzioni del XXI secolo. Come Agricola, anche Spohr invita a moderare l'utilizzo del vibrato e chiede di utilizzarlo per enfatizzare determinati affetti. Questa corrente di pensiero lega il vibrato ai segni e non lo rende del tutto libero. Fürstenau, meno conservatore di Spohr, è leggermente di altro parere.

Se questo effetto vuole raggiungere il suo scopo, allora dev'essere coinvolto un sentimento sincero, personale e profondo e non deve sembrare una pura ed esteriore imitazione perché altrimenti sarebbe ridicolo per il fatto che in ogni caso il fascino proprio della voce umana può essere raggiunto da uno strumento solo approssimativamente, poi questo effetto va usato con economia persino in un brano in cui ci sono molti brani di espressiva drammaticità e cioè va inserito solo laddove essi siano più pronunciati. Siccome l'eccessivo uso di questo effetto evoca l'impressione di un sentimentalismo morboso e con l'uso continuo diventa come un ululare molto spiacevole, esso va applicato quando ci si trovi davanti a passaggi uguali ricorrenti, ma solo la prima volta o la seconda. Inoltre, il vibrato, per avere sicuro successo estetico, deve limitarsi ad uno solo di questi momenti, cioè quello che contiene il culmine del sentimento passionale, con 3 o 4 battiti di vibrazione soltanto.[55]

Palesemente, Fürstenau pone il vibrato in funzione del fraseggio e del percorso formale. Chiede di vibrare la frase più intensa o rilevante per la forma e le note al culmine del *patos*. Il flautista fa cambiare funzione al vibrato: da ora in poi, esso serve per emozionare l'ascoltatore, non è più legato ai segni bensì agli affetti. Ha il compito di far emergere il sentimento e non di imitare semplicemente qualcuno o qualcosa.

---

54 SPOHR Louis, *Violinschule*, Haslinger, Vienna, 1832.

55 FÜRSTENAU Anton Bernhard , *Die Kunst des Flötenspiele*, Opus 138, Vol. I, Breitkopf & Härtel, 1844, Leipzig, traduzione tratta da GÄRTNER Jochen, *Das Vibrato*, edited by Gustave-Bosse, Verlag, 1973; Gartner Jochen, *Il vibrato*, traduzione in italiano a cura di Gian-Luca Petrucci e Ginevra Petrucci, Vigormusic, 2012, pag. 32

9.1 - Spohr e Fürstenau: i romantici diversi

Gli strumentisti, nel corso dei secoli, hanno creato una confusione tra i nomi e metodi che solo il Novecento ha potuto riorganizzare. La bebung, infatti, è l'odierno vibrato toraco-addominale ed era il maggiormente utilizzato; solo in rari casi si produceva quello laringeo. Il vibrato ha due tipi di modulazione: d'intensità (volume sonoro) e d'altezza (frequenza sonora). L'*intensity vibrato* varia la dinamica di un determinato suono; il *pitch vibrato*, invece, agisce maggiormente sulla frequenza e cioè altera l'intonazione del tono. Nell'Ottocento il vibrato violinistico, immaginiamo quello di Spohr, era eseguito sia con il tremolare di dita sulla corda che con la variazione di pressione sull'arco. Rispettivamente, dunque, si eseguivano il *pitch vibrato* e l'*intensity vibrato*. Gli strumenti a fiato (e qui immaginiamo il vibrato di Fürstenau) invece, producevano il *pitch vibrato* trillando sulle chiavi (flattement e battement, vedi cap. 18) ed il vibrato di soffio era generalmente un *intensity vibrato* poiché veniva prodotto col diaframma. Il tutto è molto rilevante per capire qual'era l'estetica del vibrato nell'Ottocento e possiamo dedurre che non è filologico eseguire musiche di tal periodo solo con il *pitch* o l'*intensity* vibrato; si devono utilizzare entrambi, vibrando, quindi, sia con le dita che con l'arco e sia con le chiavi che col soffio.

Confrontando il trattato di Spohr (1784-1859) e quello di Fürstenau (1792-1852), emergono sicuramente tratti in comune ma anche profonde differenze, soprattutto di carattere estetico. Ovviamente è futile parlare del confronto metodico d'esecuzione poiché sono troppo diversi gli strumenti ad arco da quelli a fiato. Spohr e Fürstenau, tedeschi d'origine e vissuti nella prima porzione dell'Ottocento, hanno una visione totalmente contrastante della bebung. Un tema in disappunto è quello dell'imitazione della voce umana: il violinista ne fa la ragione d'essere dell'abbellimento mentre il flautista definisce ridicolo il fatto di imitarla poiché è inutile e deleterio ai fini esecutivi. Spohr inserisce il vibrato nel capitolo degli abbellimenti e lo tratta al pari di un trillo o poco più; non se ne serve principalmente per un fine di fraseggio come invece fa Fürstenau (vedi cap. 3.3 e 3.4). Il flautista trova la giusta collocazione di questo infinito mezzo d'affetto ed espressione nel suo contesto storico. Questa è una sottile differenza che dà vita ad un'ampia differenza estetica. Non essendo più un artificio, bensì una maniera per render più vivo un affetto, il vibrato si spoglia di tutte quelle vesti che lo hanno ritratto come flattement, chevrotement, bebung, ecc., divenendo pian piano, parte del suono e sempre più istintivo. Spohr è decisamente conservatore mentre Fürstenau, avanguardista, ha il pensiero più vicino a quello dei futuri esecutori.

L'Ottocento costruisce le fondamenta ben solide per un'evoluzione del vibrato e, sotto il profilo estetico, ha marcato una netta differenza col secolo che lo precede: il vibrato è utilizzato per intere frasi e non solo nelle note più lunghe. L'estetica romantica del vibrato è simile ad una strada poiché hanno ambedue una direzione con versi opposti[56] e, come scritto in 1.2, dall'ampia conoscenza della musica, si procede verso il perfezionismo strumentale mentre, dal perfezionismo formale, strutturale e armonico bachiano si rincorre un'infinita ricerca di effetti e dissonanze. La larga e lenta strada a doppio senso di circolazione collega il XVII al XIX secolo.

Tre regole

● Si possono vibrare frasi intere ma solo se ve n'è l'esigenza. Se vi sono due frasi uguali, vibrarne una per renderla più espressiva dell'altra. Vibrare le frasi che portano al climax della forma musicale utilizzando il vibrato laringeo.

● Il vibrato si esegue sia con le dita che con la colonna d'aria.

● Moderarne, comunque, l'utilizzo.

---

56 In fisica la Direzione è il tratto A B; ogni direzione ha un verso opposto ad un altro verso: AversoB e BversoA.

9.2 - Lo studio sul vibrato dell'Ottocento

Mettiamo in pratica le tre regole con degli esempi estratti dal primo e secondo movimento della stupenda opera 167 di Reinecke, la *Sonata Undine*.[57] Nella prossima pagina, all'interno dello studio sul vibrato romantico, vi propongo, una frase interamente vibrata estratta dal primo tempo della sonata: è il tema più espressivo, intenso e ricco di *patos* del primo movimento di questa sonata straordinaria e più che mai passionale. Il *re* iniziale preferisco tenerlo puro, senza abbellimento in modo che dia maggiormente slancio alla frase musicale, ma può essere vibrato senza problemi. Notare come la pulsazione interna sia regolare ed in terzine; solo in tal maniera si può rispettare l'indicazione di sei ottavi ed essere rigorosi nel tempo e nel solfeggio; inoltre, con questa frequenza il vibrato è esteticamente funzionale e bello poiché è molto prossimo ai 6 Hz. A misura 9, il *si* è vibrato solo per metà e dona così un preludio alla conclusione. La più rilevante indicazione interpretativa donataci dal compositore è la contrapposizione tra la prima e seconda parte del periodo, rispettivamente egli scrive prima *espressivo* e poi *dolce*. L'esecutore quindi ha un'esplicita necessità di differenziazione. Se si vuole essere fedelissimi al compositore, non si dovrebbe utilizzare la dinamica per mettere in luce questa diversità; rimangono l'agogica e l'ampiezza del vibrato. Poiché l'ausilio dell'agogica è preferibile adottarlo sulle ultime battute del periodo, ecco che utilizzare prima un vibrato intenso, ampio, toraco-addominale-laringeo e poi, in seguito, un vibratino dolce, appena percepibile, indefinito, laringeo, è più che una plausibile possibilità interpretativa. Questa differenziazione ci permette di esprimere al meglio il sentimento di amore unito ad una sofferenza predestinata[58] che è celata all'interno di questa frase musicale.

Del secondo movimento della Sonata, propongo un'altra delicatissima frase genialmente composta da Reinecke: un intreccio di terzine pianistiche con duine del flauto danno vita ad un tema d'amore giovane e giocoso. Il periodo è composto da due frasi pressoché identiche; la prima è esposta *piano*, la seconda *pianissimo*. La pulsazione interna del vibrato dev'essere in sintonia con quella pianistica; s'invita a scegliere la terzina come riferimento di base. Non bisogna assolutamente tralasciare l'indicazione del compositore: *dolce e misterioso*. Ad essere dolci siamo tutti abituati, sia per vicende quotidiane che musicali, ma essere misteriosi non è affatto facile. Cosa significa esattamente avere mistero e cos'è? É un qualcosa che esula dai limiti della capacità razionale umana, un qualcosa che l'uomo non sa spiegare; è una problematica che c'è e che non si sa risolvere ovvero che esiste ma non sarebbe un disastro se non ci fosse e quindi, ancora, che c'è e non c'è. Questo ragionamento mi ha indotto ad inserire e poi togliere il vibrato all'interno del periodo donando così una dolcezza iniziale legata al mistero finale. Si noti come da battuta 10 in poi, nel pentagramma inferiore, non vi è alcuna notazione del vibrato. Esso dunque c'è e poi non c'è e quando lo si utilizza dev'essere indefinito, delicato ovvero laringeo. Questa frase, emblema del *patos* romantico, mette in luce il passaggio della funzione del vibrato (vedi fig. 22) perché qui si parla di espressione, di sentimenti, di mistero e di *Undine*, qui si parla di affetti e non più di note lunghe.

Figura 22: Il muro del 1800

57 PROMEMORIA: vedi 8.1, primo paragrafo, p.34.
58 Undine, spirito acquatico, s'innamora di un cavaliere; egli però, dopo averle giurato amore, guasta l'idillio con la sua
   ex-fidanzata. Undine, ancora follemente innamorata, è costretta ad ucciderlo con un bacio mortale per volere degli dei.

SONATA "Undine" - OP. 167

Carl REINECKE

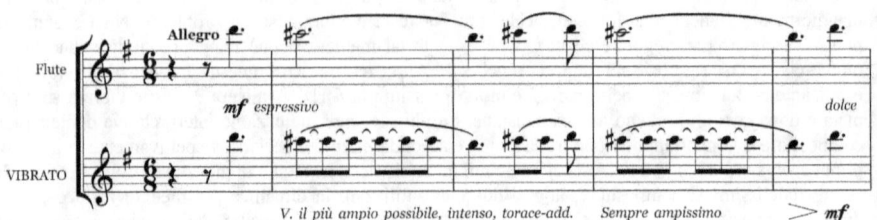

SONATA "Undine" - 2 mvt - OP. 167

Carl REINECKE

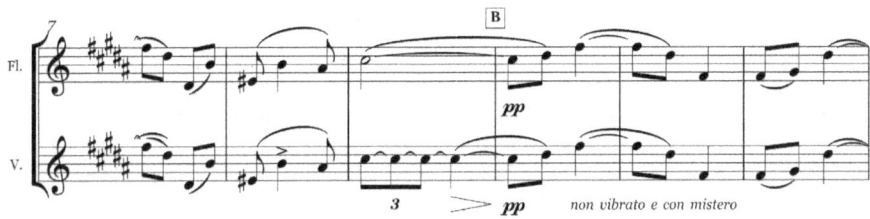

CAPITOLO 10

Il dilemma di Sir James Galway

Il vibrato è un tema sul quale i professionisti sono in disaccordo e tutti loro hanno ragione.[59]

Imprevedibilmente, alle sue origini, questo percorso è iniziato con un dilemma e con un altro dilemma terminerà: il lontano Cinquecento, con Agricola, chiede di vibrare con moderazione, il vicinissimo presente afferma che tutto si possa fare. Ad oggi, pare non esserci un'ultima parola, un verdetto, un sì o un no sull'utilizzo del vibrato.

Grande solista ed ex primo flauto della Filarmonica di Berlino[60] (da molti definito "la leggenda vivente del flauto"), il celebre Sir James Galway afferma che in una frase musicale si può vibrare o farne a meno, che entrambi i casi sono musicalmente corretti e che se dovesse sbilanciarsi un po', lui è maggiormente a favore dell'utilizzo del vibrato. Anche qui, siamo dinanzi ad un dilemma che non vede una semplice via d'uscita. Sicuramente, aiutandoci con un poco di fantasia, se Agricola e Galway fossero vissuti insieme si troverebbero in netto disaccordo. Il primo trova superflui alcuni abbellimenti, l'altro ne vede ragione. Galway è a favore del vibrato e lo scrive chiaramente nel suo libro; in realtà basterebbe ascoltare una sua registrazione per capirlo.

For a start, I'm in favour of vibrato in general.[61]

Da molti critici ho sentito definirlo grezzo a causa del suo modo di vibrare e dell'eccessivo utilizzo di questo abbellimento. Sta di fatto che è stato il primo dei *Berliner*. Secondo il flautista britannico, il vibrato dona vita al suono e lo arricchisce d'intensità (vedi cap. 6). Egli si spinge molto al di là di una linea che lo terrebbe al sicuro da critiche negative; è schietto, sincero e scrive senza alcun freno ciò che pensa. Leggete attentamente la seguente citazione, ricordo ancora quando la lessi la prima volta: spalancai gli occhi.

As a rule music without vibrato is pretty lifeless thing[62].

Un qualcosa di morto e di tetro: definizione che Galway dà alla musica senza vibrato. É abbastanza paradossale perché ciò implica che tutti i concerti, le sonate e le fantasie di Ravel, Mozart, Brahms, Prokofiev per pianoforte, cembalo, organo o arpa sono senza vita. Possibile che non si siano resi conto che non poteva esserci dell'essenza in questi strumenti? Non credo. Molto probabilmente, il mio, è un ragionamento è illecito; credo che Galway infatti volesse intendere che un fraseggio vibrato in relazione ad uno fermo sia più brioso, passionale, d'effetto e in altre parole, con una vita all'interno. Certo è che la citazione è ambigua e va presa con le pinze.

Flute, il libro di Galway, descrive il vibrato procedendo non in maniera scientifica ma del tutto empirica; di lui, si evincono i pensieri, le lacune e i pregi. Incanta ogni lettore quando scrive che il vibrato deve trasformarsi all'unisono con la mutazione della musica ovvero che la frequenza del vibrato deve variare così come cambia la frequenza della vita. Ognuno, spiega il britannico, ha una vibrazione vitale che varia: mentre dorme, mentre mangia, mentre corre ed in questi tre differenti stati d'essere vi sono altrettante frequenze di vita. Quindi, così come il vissuto umano ha un suo percorso, ogni musica ha una sua vita ed il vibrato deve assecondarne la scansione.

Un ultimo ragguaglio del virtuoso flautista è speso sul modo di suonare gli Adagi. Nei tempi lenti infatti, vi è la tendenza di assecondare la musica anche con il vibrato eseguendolo largo ovvero con le creste dell'onda sinusoidale molto lontane tra loro. In realtà, questo è un errore poiché tale

---

59 GALWAY James, *Flute, (Yehudi Menuhin music guides; no. 2),* Great Britain, Macdonald & Co Ltd, 1982; questa traduzione è a cura di F. Poretti
60 http://jamesgalway.com/
61 GALWAY, Ibidem
62 GALWAY, Ibidem

artefatto rallenta il ritmo musicale più di quanto dovrebbe; Galway raccomanda dunque di vibrare con una frequenza piuttosto alta per donare il giusto impulso alla musica. Sottolineo che anch'egli non descrive un metodo per l'utilizzo del vibrato laringeo e che verso la fine del capitolo, si domanda come sostenere questo mezzo espressivo in una frase, come renderlo omogeneo nei registri, come vibrare a diverse dinamiche ed a differenti tempi d'esecuzione non fornendo tuttavia risposte molto esaustive ed oggettive. Il dilemma, ad oggi, permane.

10.1 - Il vibrato del giardino di Celibidache

La fenomenologia della musica cerca di rendere oggettivi gli effetti del suono sulla coscienza umana; è una scienza coltivata e sviluppata moltissimo dall'eccezionale direttore rumeno Sergiu Celibidache. Secondo questa filosofia, la musica è un percorso all'interno del quale l'esecutore, guidato dalle volontà e necessità del compositore, attraversa le salite e discese (tensive o distensive) dell'armonia; pertanto s'incontreranno valli, fiumi, montagne, laghi ed il monte più alto è chiamato *punto massimo*. La destinazione del viaggio è la coscienza dell'ascoltatore e se non si seguono delle ferree regole che mettono in relazione tra di loro i suoni, non si arriva alla meta del percorso. La fenomenologia abbraccia ogni aspetto della musica incluso ovviamente il vibrato e, riferendosi prima a un violinista e poi ad una giornalista, Celibidache ci dona importantissime nozioni tecniche sul vibrato; esse sono state estrapolate dal film-documentario *Le jardin de Celibidache*.

> Nessuno ha mai lavorato con te il vibrato? Tu fai sempre un vibrato velocissimo, c'è soltanto questa possibilità? Tutte le orchestre americane, tutti i solisti, tutte le scuole e tutti i professori vibrano elettricamente, il più velocemente possibile.

> [...] É necessario che esso sia indipendente [dai limiti tecnici] e deve avere una relazione intima col contenuto musicale. Il vibrato è quel che c'è di più vivo; oggigiorno è morto poiché è al servizio dell'idea che, non importa come, dev'essere *espressivo* ed attualmente per *espressivo* s'intende molta intensità. In realtà, il *non espressivo* può essere a sua volta *espressivo*. Il vibrato è diventato uno scopo ma in verità è una dimensione dell'espressione.

Confrontando il pensiero di James Galway a quello di Celibidache, si notano alcune discordanze molto rilevanti. Se da un lato, come sottolinea il flautista, è vero che il tempo Adagio non giustifica l'utilizzo di un vibrato lento, dall'altro è doveroso rimarcare il pensiero nitido, chiaro e profondo del direttore rumeno che combatte l'uso indiscriminato del vibrato fine a se stesso. Suggerisce di modulare la frequenza della sinusoide relazionandola a ciò che detta il linguaggio musicale e si oppone alla tradizione odierna di vibrare tutto molto velocemente. Inoltre, mette in luce un concetto importantissimo: fa notare che l'espressività non è schiava del vibrato e può sorgere anche senza di esso. Infatti, nel film-documentario, egli dona un esempio ispirato da alcune vicissitudini quotidiane invitando ad ascoltare ed analizzare una voce bassa e piatta (ovvero con un'emissione sonora nel piano e quasi non vibrata) che esplicita un contenuto verbale intimidatorio; è molto più funzionale ed espressiva di una urlante e stridula. Non è questo l'unico paragone che fa tra la quotidianità e la musica; insiste molto su questo parallelo spiegando come il vibrato sia davvero insito in ogni secondo della vita, anche e soprattutto mentre si suona. Infatti, secondo Celibidache è errato affermare che l'espressività si evinca solo con una forte intensità dinamica e con un vibrato rapidissimo; in certi casi, così come nella vita, si è molto più espressivi o che dir si voglia comunicativi, fraseggiando piano e con un suono fermo.

> Il vibrato è la maniera più adatta di dare la vita, una vita adatta a te, quindi inimitabile.

Comparando i due assunti estratti dal film, rispettivamente, balzano subito agli occhi, nel primo la parola *morte* e nell'altro la parola *vita*. Secondo il direttore rumeno, il vibrato è distrutto, inutile e non funzionale ogni qualvolta non asseconda il contenuto musicale. Allo stesso tempo però, è un profumo vivo ed inimitabile poiché nessuno può vibrare nella stessa maniera; ogni vibrato è differente così come ogni volto ed ogni persona lo sono. L'ultima citazione oltre ad essere veritiera è altamente poetica. Il vibrato permette di dar vita alla musica, al suono, al fraseggio e quindi è forse il mezzo più potente di cui un esecutore deve avvalersi.

10.2 - Gli studi sul vibrato del Novecento

Nel XX secolo, il vibrato è sulla vetta della sua evoluzione, è maturo, insito in ogni esecuzione ed è il frutto del suono e dell'espressione.[63] Il *Concerto per flauto e orchestra* di Ibert e la *Sonata op. 94* di Prokofiev sono riconosciuti universalmente come opere d'arte novecentesche. Si noti come il periodo musicale scritto da Prokofiev (p. 45), per certi versi simile a quello del II movimento della *Sonata* di Reinecke (p. 41), sia regolarmente strutturato: otto misure, due frasi simili, quasi uguali che contrastano tra loro (principalmente per la tonalità), una struttura neoclassica direi. Nel Novecento è sempre più raro trovare ripetizioni di frasi uguali perché i compositori cercano nuovi affetti, sfumature di colori sempre più particolari e descrivono in maniera dettagliata le diverse sfaccettature dei sentimenti. Come più volte asserito, nel secolo delle grandi guerre, a differenza del periodo settecentesco, il vibrato è l'essenza del suono e quindi tra una frase e l'altra, non si farà distinzione di ampiezza o di colore, si suonerà tutto molto vibrato, facendo attenzione a non vibrare le figurazioni musicali più piccole della semiminima (crome, semicrome, ecc.) e cercando di assecondare la musica attraverso le qualità del vibrato (altezza, frequenza e colore). Dello studio sulla frase musicale di Prokofiev, la particolarità più interessante si trova a misura 2. Infatti, il vibrato del *la* di inizio battuta ha una pulsazione interna di quattro semicrome per essere in totale sintonia con le quartine che lo susseguono; il *la* del terzo movimento della misura, invece, ha una frequenza preparatoria alla terzina successiva. Lo stesso artificio lo troviamo a battuta sei.

In un'atmosfera cupa e invernale, piena di grigie e grandi nubi dalla forma più varia, un'isola di ciel sereno induce a focalizzarci sull'azzurro. Invece, in un clima soleggiato, senza nubi, senza vento, tuoni e lampi, l'unica nuvoletta che passeggia in quel viale blu ci mette sull'attenti. Queste metafore per asserire che, mentre nel Settecento per dare importanza ad una nota, la si vibrava poiché gli altri suoni erano fermi, nel Novecento accade l'esatto contrario: tutti i suoni sono vibranti e ricchi di informazioni e, quindi, un suono fermo da nell'occhio. Nella battuta tredici del *Concerto* (p. 46), per dare risalto al *si*, propongo di non vibrare la nota che lo precede (il *sol bemolle*) e nemmeno quella che lo segue (il *do*); in alternativa si può scegliere di vibrare tutto tranne il *si*. Notare inoltre come all'interno delle misure 8 e 10, il vibrato cambi pulsazione interna per divenire funzionale e preparatorio alla figurazione musicale seguente. Ergo, si deve vibrare intelligentemente per assecondare le necessità legate al contesto musicale, esplicitare correttamente gli affetti dipinti dal compositore, mantenere sempre viva la suddivisione interna del fraseggio e per essere regolari, omogenei e perfetti tra i diversi cambi ritmici. Ribadisco un'ultima volta che, per ciò che concerne il *Concerto* di Ibert, la *Sonata* di Prokofiev[64] (e non solo), per tutte le composizioni neoclassiche, neoromantiche e per tutte quelle racchiuse nel Novecento, la regolare presenza del vibrato è un dato di fatto; esso è sempre insito nel suono, è caratterizzato dalla frequenza che spacca il secondo e se esso si dovesse assentare, farebbe notizia.

```
┌──────────────────────────────────────┐
│  Una sola regola                      │
│                                       │
│  ●  Vibra, non sempre, ma vibra.      │
└──────────────────────────────────────┘
```

63 PROMEMORIA: vedi 8.1, primo paragrafo, p.34.
64 Vedi pp. 45 e 46

Sonate für Flöte und Klavier - op. 94

Sergej Prokofjew

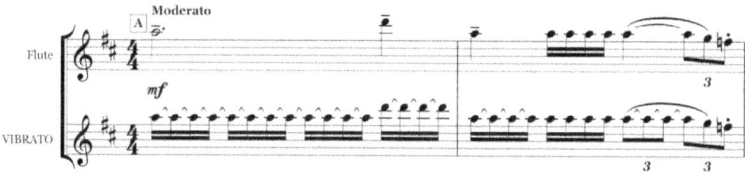

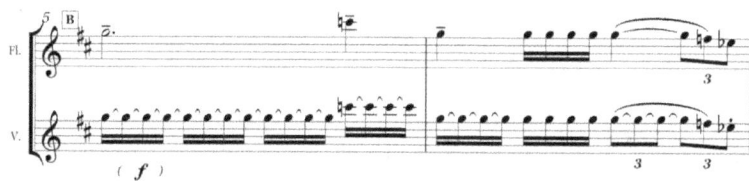

Concerto pour Flûte et Otchestre

IBERT Jaques

CAPITOLO 11

L'ultimo mutamento

Le esecuzioni odierne sono pregne di vibrato a prescindere dal timbro dello strumento che ascoltiamo, sia esso il suono di un oboe, di un violoncello o di un fagotto. Lo strumento più conservativo nei confronti di questo mezzo espressivo, quello che più lo rifiuta è il clarinetto. La rotondità del suono e la precisione d'intonazione hanno fatto sì che, nell'estetica della propria prassi esecutiva, si utilizzi il vibrato con maggiore parsimonia rispetto ad altri strumenti. É raro sentirlo e, in effetti, bisogna dar peso anche ai luoghi comuni: molti esecutori affermano che si vibra per nascondere il difetto d'intonazione, oppure tanto per far qualcosa, o ancora per non far sentire il soffio. Non è così; il vibrato è un ornamento nobile e con una storia secolare alle spalle. Così come una pianta muta la direzione della sua crescita in base alla posizione del sole, il vibrato ha modificato la sua essenza relazionandosi con il mutamento della composizione musicale. Se il percorso armonico non si distacca molto dal centro tonale, il vibrato si fa da parte e viene utilizzato con parsimonia; viceversa più le interpretazioni hanno il diritto di essere colme di drammi, affetti e passioni, più il vibrato deve marcare tali emozioni.

Un'importantissima puntualizzazione: il vibrato può essere utilizzato in soli orchestrali, musiche cameristiche e sacre ma, con le dovute eccezioni, è da evitare su note lunghe facenti parte di un accordo. Così come i coristi non devono vibrare, anche gli strumentisti che sono nell'occhio del ciclone di un accordo non ne hanno il diritto poiché si andrebbe ad intaccare l'equilibrio armonico ed il senso ampio della composizione musicale. Il vibrato, molto spesso, è considerato come una qualità sonora tuttavia, è bene ricordarsi che nasce come un abbellimento. Ciò per dire che se lo si analizza nella sua pulsazione interna, nella sua ampiezza e se lo si usa con intelletto anziché studiarlo o eseguirlo semplicemente come una caratteristica del suono, la sua funzione molto probabilmente avrà maggiore successo estetico.

Figura 23: Il muro del 1900

CAPITOLO 12

L'ultima parola

Se è vero, come dice Galway, che non si può enunciare un'ultima parola sull'utilizzo del vibrato, è altrettanto certo che questo capitolo mi permetterà di dirne almeno un'altra. Dopo aver analizzato trattati di diverse epoche storiche e provenienti da differenti luoghi, si deduce che il vibrato è nato più di cinquecento anni fa. Si deve, dunque, vibrare consapevolmente e pertanto si chiarirà dapprima quando e poi come farlo.

12.1 - Quando vibrare

Si è visto che le esecuzioni dei brani barocchi prevedono il vibrato come abbellimento solo in note molto lunghe, della durata di un'intera misura. Questi suoni si possono vibrare ma non per forza; è di tradizione abbellirli anche con la dinamica, un trillo, un flattement o qualsiasi altro ornamento. Invece, i brani classici permettono di vibrare qualche volta in più. Nel Romanticismo si ascoltano frasi intere vibrate, in particolare quelle facenti parte di una ripetizione: il vibrato non è più un abbellimento ma un mezzo espressivo. Nell'esecuzioni dall'Ottocento in poi, si può vibrare più liberamente poiché è la musica stessa che lo richiede più sovente: le tonalità lontane creano molta tensione e attraverso il vibrato essa viene esplicitata meglio. La musica del Novecento ha il vibrato nel sangue, esso è l'essenza del suono.

12.2 - Come vibrare

Bisogna pensare quindi non solo a quando e se vibrare ma anche a quale tipologia di vibrato utilizzare. Ci si deve domandare, in altre parole, come vibrare. Secondo Gärtner (ed io mi trovo d'accordo con lui), il vibrato toraco-addominale, essendo di bassa frequenza ed ampia altezza (quindi rispetto al vibrato laringeo di più forte valore espressivo), va utilizzato soltanto in quei punti davvero colmi d'affetti e culminanti del brano musicale. Non si può assolutamente servirsi di questo vibrato nelle composizioni barocche, classiche, galanti e preromantiche perché è la composizione stessa che non lo richiede. Reinecke, quando scrive con dolore, nel secondo tempo del Concerto per flauto e orchestra, vuole certamente un vibrato intenso e straziante ovvero il toraco-addominale. In sintesi, dal Romanticismo in poi, certamente ci sono frasi che possono essere così drammatiche e piene di affetto da richiedere un qualcosa di diverso nel suono e nel fraseggio. Se si avverte la necessità di un qualcosa in più, è arrivato il momento di utilizzare l'arma segreta: il vibrato toraco-addominale. Esso dev'essere impiegato nel climax per giustificare tutta quest'accentuazione; difatti, tale ampiezza d'onda non può essere utilizzata sempre perché è troppo invasiva.

Il vibrato standard è certamente il laringeo, innanzitutto perché è più agile ma anche perché permette l'uso di qualsiasi dinamica. É poi più flessibile, elegante, modellabile e controllabile. Il laringeo non sta male nelle note lunghe barocche, il toraco-addominale probabilmente sì. Immaginate in un minuetto mozartiano un vibrato aspro, grezzo e brusco? Direi di no; in una frase del Novecento con l'indicazione struggente, con l'anima, ansimando o malinconico? Forse sì. Forse, perché dipende sempre dal contesto e dalla relazione tra i suoni. Quando si deve vibrare una frase appassionata, la vera bravura sta nel non far sentire le due tipologie di vibrato e le interruzioni tra una nota e l'altra. Il vibrato dev'essere come un'onda che si propaga nell'acqua piatta di un lago e quindi non ci devono essere discontinuità e fratture. La sinusoide deve apparire regolare e fluttuante, il più simmetrica possibile sia all'asse x che all'asse y. Allora sì che il vibrato è l'essenza del suono e del fraseggio; se così non fosse, sarebbe solo una vittima della tecnica.

Non prendete alla lettera ciò che scrivo, è un'opinione derivante da molti concerti, discussioni con grandi maestri, letture ed esperienze di studio. Il fine principale del presente libro è quello di indurre al ragionamento per chiedersi come e quando utilizzare un vibrato consapevole e ricco di vita, una vita inimitabile che deve avere un rapporto d'intimità col contenuto musicale.

Riferimenti bibliografici

Trattati e metodi

AA.VV., *Dizionario Enciclopedico Universale della Musica e dei Musicisti*, UTET, Torino, 1984.

AA.VV., *Capire la Forma idee per una didattica del discorso musicale*, a cura di Rosalba Deriu, EDT, 2004.

AA.VV., *Storia della musica*, di Mario Baroni, Enrico Fubini, Paolo Petazzi, Piero Santi, Gianfranco Vinay, Giulio Einaudi editore, Torino, 1988.

AGRICOLA Martinus, *Musica Instrumentalis* Deudsch,Rhaw, Wittenberg, Georg Rhau, 1529.

ALON Ruthy, *Il metodo Feldenkrais*, Red Edizioni, 2007, Milano, traduzione a cura di Carla Sborgi – Ediz. originale: *Mindful Spontaneity*, Equinox publishing, Roseville, 1980.

ANSERMET Ernest, *Les fondements de la musique dans la conscience humaine*, Les editions de La Baconnière S. A., Boudry (Suisse), 1987; traduzione in italiano a cura di FERRERO Anna Maria, *I fondamenti della musica nella coscienza dell'uomo*, Campanotto editore, Pasian di Prato, 1995.

BACH Carl Philipp Emanuel, *Versuch über die wahre Art das Clavier zu spielen*, Berlino, 1753; traduzione in italiano a cura di GENTILI VERONA Gabriella, *Saggio di metodo per la tastiera*, Edizioni Curci, Milano, 2 Voll., 1973-1993.

CAVALLO Bruno, *Prattica per ben suonar di Flauto, il Cavallo Pensiero*, ABEditore SRL, Milano, 2014.

COLOMBO Paolo, *L'opera svelata – Trattato teorico pratico di retorica musicale nel melodramma italiano dell'800*, ABEditore, Milano, 2014.

EBERLEIN Gisela, *Gesund durch Autogenes Training*, 1973, Econ Verlag Gmbh, Düsseldorf e Vienna, traduzione a cura di SALLUSTRO Carlo, *Il libro del training autogeno*, Giangiacomo Feltrinelli editore, Milano.

ECO Umberto, *Come si fa una tesi di laurea (Le materie umanistiche)*, Bompiani Editore, Milano, 1977-2013.

FAGNOCCHI Giuseppe, *Lineamenti di storia della Letteratura flautistica*, Mobydick, 1999, Faenza.

FELICIONI Marco, *Esercizi di tecnica digitale e del suono per flauto traverso*, Edizioni Musicali Primo Tema s.n.c., Pescara, 1996.

FELICIONI Marco, *L'evoluzione del flauto traverso – Dal traversiere allo strumento moderno*, Lulu Press, Inc. Raleigh, NC, 2013.

FELICIONI Marco, *Il canto del vento – Mitologia, organologia e linguaggi dei flauti della storia*, Lulu Press, Inc. Raleigh, NC, 2015.

FÜRSTENAU Anton Bernhard , *Die Kunst des Flötenspiele*, Opus 138, Vol. I, Breitkopf & Härtel, Leipzig, 1844.

GALWAY James, *Flute, (Yehudi Menuhin music guides; no. 2)*, Great Britain, Macdonald & Co Ltd, 1982.

GÄRTNER Jochen, *Das Vibrato*, edited by Gustave-Bosse, Verlag, 1973; GÄRTNER Jochen, *Il vibrato*, traduzione in italiano a cura di Gian-Luca Petrucci e Ginevra Petrucci, Vigormusic edizioni musicali, 2012.

GEOFFROY-DECHAUME, *I "segreti" della musica antica – Ricerche sull'interpretazione nei secoli XVI, XVII, XVIII*, Casa Ricordi editore, Milano, 1973.

GRAF Peter-Lucas, *Check-up – 20 basic Studies for Flutist*, Schott, Mainz, 1993 – traduzione italiana a cura di TUJA Silvia, *Check-up*, 20 esercizi di base per flautisti, Schott.

GRAF Peter-Lucas, *Interpretation – How to shape a melodic line*, Schott Musik GmbH & Co. KG, Mainz, 2001.

HOTTETERRE J., *Principes de la flûte traversière, ou flûte d'Allemangne, de la flûte à bec ou flûte douce et du hautbois, divisez par traictez*, Christophe Ballard, Parigi, 1707.

LAZZARI, Gianni, *Il flauto traverso – storia, tecnica, acustica con Il flauto nel Novecento di Emilio Galante*, EDT, Torino, 2003.

MACDONALD Robert e NESS Caro, *I segreti della tecnica Alexander*, Logos editore, 2007, Modena – Ediz. originale: *Secrets of Alexander Technique*, The Ivy Press Ltd.

MAZZANTI Nicola, *The Mazzanti Method Daily Exercises for Piccolo*, Theodore Presser Copany, 2011, 2014.

MOŸSE Marcel, *De a sonorité art ee technique*, Alphonse Leduc & C., Parigi, 1934.

MOŸSE Marcel, *20 exercices et études sur les grandes liaisons, les trilles, les points d'orgue,etc...*, Alphonse Leduc & C., Parigi, 1935.

MOZART Leopold, *Gründliche Violinschule, mit vier Kupfertafeln und einer Tabelle*, Augusta, 1787, traduzione in italiano a cura di RIPANTI Luca, *I fondamenti della scuola del violino*, Edizioni Nuova Prhomos, 2012, Città di Castello.

PETRUCCI Gian-Luca, "*Severino Gazzelloni*", 2012, Allegato editoriale – Ass. Flautisti Italiani – Falaut.

PRAETORIUS Michael, *Syntagma Musicum*, Wolfenbüttel, 1619, Vol. II e III.

PRETTO Giampaolo, *Dentro il suono – quarantanove studi per fare del suono la propria voce*, Riverberi Sonori s.a.s., 2012, Roma.

QUANTZ J. J., *Versuch einer Anweisung die Flöte traversière zu spielen*, Johann Friedrich Voss, 1752, Berlino; traduzioni italiane: *Saggio di un Metodo per suonare il Flauto Traverso*, a cura di Luca Ripanti, Rugginenti editore, Milano, 1992; *Trattato sul Flauto Traverso*, a cura di Sergio Balestracci, Libreria Musicale Italiana Editrice, Lucca, 1992.

REICHERT, M. A. *7 Exercises Journaliers puor la Flûte Op. 5*, Leduc, Parigi.

RICHTER Werner, *Schule für Querflöte*, Schott Musik International, Mainz, 1980.

SACHS Curt, *The History of Musical Instrumens*, Norton & Company, Inc., 1940, Traduzione a cura di PAPINI Maurizio, *Storia degli strumenti a fiato*, Mondadori editore, 1980, Cles.

SCHUMANN Robert, *La musica romantica*, traduzione a cura di Luigi Ronga, Einaudi editore, Milano, 2013.

SEASHORE Carl Emile, *Psycology of the Vibrato in Voice and Instruments*, in University of Iowa Studies, 1936.

SPOHR Louis, *Violinschule*, Haslinger, Vienna, 1832.

TAFFANEL Claude Paul e GAUBERT Philippe, *Méthode Complète de Flûte*, Leduc, Parigi, 1923.

TROMLITZ Johann George, *Ausführlicher und gründlicher Unterricht die Flöte zu spielen*, Böhme, Lipsia, 1791; traduzione in italiano a cura di BOTTEON Luisella, *Metodo per suonare il flauto*, Carisch, Milano, 1989.

TUIS Riccardo Tristano, *432 Hertz: La rivoluzione musicale – L'Accordatura Aurea per intonare la musica alla biologia*, Nexus edizioni srl, Battaglia Terme, 2010.

WYE Trevor, *A Trevor Wye practice book for the flute, Book 4, Intonation & Vibrato*, 1980, Novello & Company Limited; traduzione italiana a cura di AAVV, *Trevor wye sei practice books per flauto, volume 4, intonazione e vibrato*, 1997, Riverberi Sonori s.a.s., Roma.

WYE, Trevor *A trevor Wye practice book for the flute – Book 6 - Advanced Practice*, Novello & Company Limited, 1980.

Spartiti

IBERT Jaques, *Concerto pour Flûte et Orchestre*, Alphonse Leduc Editions Musicaales, Parigi.

MARCELLO Benedetto, *Dodici Sonate – Opera Seconda, N° 29 a*, Edizioni De Sanctis, Roma.

MOZART Wolfgang Amadeus, *Konzert in C für Flöte, Harfe und Orchester KV 299*, Bärenreiter.

PROKOFJEV Sergej, *Sonate für Flöte und Klavier – Opus 94*, Musikverlag Hans Sikorski GmbH & Co. KG, Hamburg, 1960.

REINECKE Carl, *Sonata "Undine" for Flute and Piano - Opus 167*, International Music Company, New York.

REINECKE Carl, *Konzert für Flöte und Orchester in D-dur – op. 283*, Breitkopf, Germany.

Dizionari

Dizionario enciclopedico universale della musica e dei musicisti, diretto da BASSO Alberto, unione tipografico editrice Torinese, 1984, Torino.

Le Garzantine, Musica, a cura di Lanza Andrea, Garzanti editore, 1999.

Dictionary of music and musicians, George Grove D. C. L., 1879.

Riviste

MINEGISHI S., MUKAY C., MUKAY S., *La funzione della glottide nell'emissione del suono*, articolo di "Syrinx", III, 8, Aprile-giugno 1991, pp. 23-25.

Allegati a riviste

ORLANDO Massimo, *Tecniche respiratorie funzionali alla pratica flautistica e di altri strumenti a fiato*, Falaut collection, 2009.

Film

CELIBIDACHE Serge Ioan, *Le jardin de Celibidache,* Celi films ltd, 2009.

Links

http://www.davideformisano.it/it/biografia

http://jamesgalway.com

http://www.treccani.it/enciclopedia/johann-joachim-quantz

Indice delle figure

a   L'abilità di un esperto ascoltatore di musica è estremamente complessa e dunque molto interessante. Quando si ascolta un brano, si avvertono suoni consonanti, dissonanti, sfumature, colori e sentimenti. La percezione musicale, però, è ancor prima percezione sensoriale. Paradossalmente, l'evoluzione di tutte queste mutazioni sonore costruiscono il presente psicologico dell'ascoltatore creando la Forma della musica (Sonata, Concerto, AB, AA',ecc.). L'ascoltatore quindi, durante la sua attività, percepisce i colori estemporanei della musica (schemi d'ordine) e nel frattempo, costruisce mentalmente i macroperiodi musicali (schemi di relazione d'ordine, comunemente notati con A, B, C, ecc.). Imberty asserisce che gli schemi d'ordine si riferiscono alla relazione tra i suoni e alle tensioni che essi producono; al contrario gli schemi di relazione d'ordine fanno riferimento alle relazioni tra le parti dell'opera. Questi ultimi schemi permettono d'individuare (dall'ascolto) il tema, le variazioni, gli sviluppi, ecc.; è proprio per questo motivo che i ritornelli devono essere sempre eseguiti, al giorno d'oggi molta ignoranza ruota intorno alla prassi del non eseguirli per "evitare la noia". Gli schemi di relazione d'ordine sono fondamentali poiché creano un presente psicologico della percezione della musica nel quale il tempo si ferma e diviene uno spazio mentale nel quale l'ascoltatore inserisce le macro esperienze.

A.A.V.V. *Capire la forma*, idee per una didattica del discorso musicale, a cura di Rosalba Deriu, EDT, 2004.

b   Per avvicinarsi alle tecniche di rilassamento, segnalo i tre volumi sottoscritti e per approfondire ancor di più tali metodi, si consiglia di seguire alcuni corsi tenuti da professionisti ed insegnanti delle tre tecniche di rilassamento. Esse incrementano la consapevolezza dell'uomo durante gli atti del quotidiano migliorandone, con la dovuta applicazione, la respirazione, l'agilità e di conseguenza il benessere fisiologico e psichico.

MACDONALD Robert e NESS Caro, *I segreti della tecnica Alexander*, Logos editore, 2007, Modena – Ediz. originale: *Secrets of Alexander Technique*, The Ivy Press Ltd.
ALON Ruthy, *Il metodo Feldenkrais*, Red Edizioni, 2007, Milano, traduzione a cura di Carla Sborgi – Ediz. originale: *Mindful Spontaneity*, Equinox publishing, Roseville, 1980.
EBERLEIN Gisela, *Gesund durch Autogenes Training*, 1973, Econ Verlag Gmbh, Düsseldorf e Vienna, traduzione a cura di SALLUSTRO Carlo, *Il libro del training autogeno*, Giangiacomo Feltrinelli editore, Milano.

d   L'intonazione attualmente adottata è detta equabile poiché suddivide l'ottava in dodici suoni con eguale ampiezza. Non esiste da sempre, è in uso solo dall'Ottocento a discapito dell'intonazione mesotonica. Quest'ultima prevedeva la terza maggiore più calante, la terza minore più crescente, la seconda più calante, la settima più crescente, la sesta più calante, la quinta leggermente più crescente e la quarta leggermente più calante. L'intonazione equabile perde le caratteristiche tonali: con l'intonazione mesotonica ogni tonalità aveva un carattere diverso. Molti musicisti e musicologi hanno affrontato questo tema nei secoli precedenti al nostro; tra questi Leopold Mozart. Asseriva che la tonalità di sol maggiore era brillante, maschile e maestosa mentre quella di Fa maggiore era femminile e più introversa; tuttavia molti studiosi si contraddicono su questo tema. Il privilegio più grande dell'intonazione equabile è che permette ai compositori di poter modulare da una tonalità (sia vicina che molto lontana) ad un'altra senza alcun rischio o problema tecnico-strumentale.

www.ingramcontent.com/pod-product-compliance
Lightning Source LLC
Chambersburg PA
CBHW070324290526
45791CB00003B/1253